人間の生き方

安岡正篤著

黎明書房

（1）

特輯

人間と観相・修養のちから

人相といふものは大切な意義がある。どの面提げてとは痛切な語である。然し相にも形相あり、色相あり、神相（無形の遺傳性を表す人相）あり、なかなか凡眼でわかるものではない。だから相書に、相に訣法無し、乱言すべからずと戒めてある。然し相を説いた書の中には、なかなか痛切な、そして謬りの無い名言も多々あって、自己修養に甚だ有益なものも少くない。むつかしい修養書などよろしく親切で又有名な修行し歩いたものも多い。坐つてをる姿体はどつしりしてゐらねばならぬ。つかひ棒の要るやうな体提のはよくない。身体がゆるぎ、足は乱れ、頭の垂れるのもいけない。歩く姿はまつすぐ（正直）で、ゆがんでは（偏歪曲屈）ならぬ。頸はまつすぐ（真直）。腰はまきまり。胸はあがつて（昂く）低の又。頭を揺り、身体がまがつて、蛇のやうに曲つて歩き、頭をゆさぶり（揺頭）、蛇のやうに曲つて歩き（蛇行）、雀のやうにぴよんぴよん（雀躍）しさ腰が折れて、頸がゆがんでゐる（項歪）のはいけない。婦人に七賢四徳の説がある。一、行歩周正。（面圓體厚）どっちかといふと、丸顔の肉づきの好いこと。五官（眉目鼻口耳）がそろつて正しく、三停（額眉から鼻端、鼻端以下顎まで）の均斉がよく、容貌が整ってひきしまってをり、（廉潔）へらへら喋舌らない（不泄言語）。坐る姿も眠る形も正しいのが好い。以上から七件で、四徳とは、平素人と競争などしないこと。どんな苦難にも怨みごとを云はない。

飲食を節すること。体が宜しても大食漢にびっくりしたり、喜んだりしない（荀事不驚喜）。能く尊敬する。人が尊敬するのではない。自分自身、他の主張なことに感動すること。一々尤もである。世の中にはこれと一々反対な利口馬鹿が少くない。目がぎらぎら（眼露白光）、やぶにらみ、ぬすみ視、よたよた歩き（鵝行鴨歩）、独りごと（自言自語）など、みな好くない。以上は遠慮しておかし。（三月彼岸の夜日正筆記）

人間と観相——修養のちかみち

人相といふものは大切な意義がある。「どの面提《つらさ》げて」とは痛切な語である。然し相にも形相あり、色相あり、神相（無限の遺伝性を表す人相）あり、なかなか凡眼でわかるものではない。だから古人の相書に、相に訣法無し、乱言すべからずと戒めてある。然し相を説いた書の中には、なかなか痛切な、そして誤りの無い名言も多々あって、自己修養に甚だ有益なものも少くない。むつかしい修養書などより、親切で反省改修し易いものも多い。坐ってをる姿体はどっしりしてをらねばならぬ。つっかひ棒の要るやうな（体提）のはよくない。身体がゆるぎ、足は乱れ、頭の垂れるのもいけない。歩く姿はまっすぐ（正直）で、ゆがんでは（偏歪曲屈）ならぬ。つまり頭はまっすぐ、腰はきまり、胸はあがって（昂。低の反）をるべきで、身体がまがり、頭をゆさぶり（揺頭）、蛇のやうに曲がって歩き（蛇行）、雀のやうにぴょんぴょん（雀竄）し、腰が折れて、頸がゆがんでをる（項歪）のはいけない。特に女人に七賢四徳の説がある。一、行歩周正。面円体厚（どっちかといふと、丸顔の肉づきの好いこと）、五官（眉目鼻口耳）そろって正しく、三停（額、眉から鼻端まで、それ以下則ち顎まで）の釣合ひ好く、容貌が整って、ひきしまってをり、べらべら喋らない（不泛言語）、坐る姿も眠る形も正しいのが好い。以上が七件《ママ》で、四徳とは、平素、人と競争などしない。どんな苦難にも怨みごとを言はない。飲食を節する。好いことを聞いても大袈裟にびっくりしたり、喜んだりしない（聞事不驚喜）。能く尊敬する。（人が尊敬するのではない。自分自身、他の立派なことに感動すること）。一々尤もである。世の中にはこれと一々反対な利口馬鹿が少くない。目がぎらぎら（眼露白光）、やぶにらみ、ぬすみ視、よたよた歩き（鵞行鴨歩）、独りごと（自言自語）などみな好くない。此れ以上は遠慮しておかう。（三月彼岸の夜・正篤記）（漢字は新字とし、仮名遣いはそのままとした——編集部。）

人間の生き方

目次

目次

人物・時世と学問・教育

この師・この父

時世と活学

時世と活学

―王陽明、王永江の名詩―

誤解しあうほどに理解しあえれば

『論語』の泰伯《たいはく》篇に「民《たみ》は之《これ》に由《よ》らしむ可《べ》し、之を知らしむ可からず」という言葉があります。『論語』はわれわれの読み古してきているものの一つであるのに、それがどうしてこんなに間違って解するのかと思うことが実に多い。この言葉もそうしたものの一つであります。

「由らしむ可し、知らしむ可からず」の時代はもう過ぎた。今は民主主義の時代で、「知らしむ可し、由らしむ可からず」でなければならないなどと得々として弁じているのを最近も耳にしましたが、これはこの言葉の本義の誤解に発する、とんでもない妄論です。孔子は何といっても非常に偉い人で、正しい政治を行い、これによって民をいかに救うかを考え、そのために一生を捧げ非常に苦労をした人です。その孔子が、民は服従させておけばよい、智慧をつける必要はない——などというはずがないことは、ちょっと考えればすぐに解ることであります。

皆さんはすでによくご存知でありましょうが、「由らしむ可し、知らしむ可からず」の可、不可は可能、不可能を意味するもので、したがってこの言葉の本来の意味は「民衆はなかなかわかってくれないものだから、まず由らしめる——信頼させることが大切だ」ということであります。即ち政治家は何を措いても、まず由られる人間、信頼される人間になれということをいっているわけです。俺にはよくわからんが、あの人なら信頼できるという言葉をよく耳にしますが、孔子はそのようにいわれる人になれといったのであります。にもかかわらず、ものを深く考えないで、孫引きする人間が、先に申しましたような勝手放題の解釈を下し、これを宣伝するということは最も罪の深いことであり、また愚劣極まりないことでありまして、今日の自由民主政治などは実にこうした弊害に堪えないものといわなければなりません。

『論語』からもう一つ例を取ると、公冶長《こうやちょう》篇の「其《そ》の知、及ぶ可し、其の愚、及ぶ可からざる也」もひどく誤解されている。先だっても相当の人が、「全くどうも彼奴らときたら、その愚及ぶ可からざるものだ」と呵々《かか》大笑しているのを見ました。この本意は、頭のよさは何とかついて行けるが、愚になる方はとうてい及びもつかない、という愚の礼讃でありまます。つまり、人間小利口ぐらいは何でもないが、馬鹿にはなかなかなれるものでないということをいっている。それを今申しましたように馬鹿正直に誤用している。それこそとんでもない苦笑ものです。

「馬鹿殿様」という言葉がありますが、これとて、たいてい悪い意味に解釈して使われている。本来これは人物の出来た殿様のことで、お殿様ともなると家来が沢山いる。狡いのもいる、馬鹿なのもいる、油断のならぬのもいる。いがみあいもする、やきもちもやく。そういう家来をうまく治めていかねばならぬ。上には幕府があって、少しでも落度があったら、取潰そうと狙っている。こうした中を殿様としてうまくやっていくには、小利口ではとても勤まりません。其の愚や及ぶ可からざる底の修行がなければなりません。愚の修行というものはこのように東洋道徳、東洋人間学の、他に例を見ない味な修養の一内容をなしているわけで、大変に妙味のあることと申さねばなりません。

こうした誤解は『論語』のようなむつかしいものに限りません。世間一般のことにも実に多い。これはだいぶ前のことですが、私はある結婚式に招かれて挨拶をさせられました

——その時私が主賓でしたので、最初に挨拶をさせられました。それで私はまず「先に立つ者が長々とやって後の方にご迷惑をかけてもいけないから」と一言申し上げて、「時々思いだしていただきたい『女房と畳は新しい方が好い』という諺がある。これをよく活用するなら、もう何もいうことはない」と申しました。前の方に並んでいる連中が、これは！という面持ちで私を見あげ、こやつ気でも狂ったのではないかと思った様子でした。私が語を継ぎまして「今私が新郎新婦に呈した言葉は実に好い言葉だが、一般にはひどく誤解されている」といいましたら、皆ちょっと態度を改めてくれました。

元来この諺は、「亭主と畳は……」といってもよい言葉なのですが、そういったのではおもしろくない、文学性がない。だから女房と畳といったのです。したがってその本意は亭主も女房もどちらも常に新しいがよいというにある。よくよく考えればわかることですが、畳を取り替えるといっても、畳表を替えるだけで、台の方は水につかったり、焼けたりしない限りは決して取り替えはしません。家庭生活で、畳の薄汚れているくらい不潔で、貧乏たらしいものはありません。永らく日本に在住していたある外国人で、日本の生活で羨ましいのは、浴衣を着て畳にねそべることだといった人がいますが、これも畳が薄汚れていたりしては、話になりません。人間もそれと同じです。新婚のうちはお互いが新鮮でよいけれども、しばらくすると亭主は通勤や仕事に疲れ、女房は所帯やつれして、しだいに薄汚れてくる。とくに女はそうなりやすいから、常に新鮮であるように気をつけろと、そういうことをいっているのだと話しましたところ、私の真前に坐っていた老夫婦のご主人が奥さんを突っついて、「よく聞いておけ」といいました。すると奥さんがそれを肘で突き返して「貴方こそ!」といった。それがつい周囲に聞こえてしまいまして、大笑いになってしまったことでした。

女房の話が出ましたので、ついでに「糠味噌女房《ぬかみそにょうぼう》」についてお話をいたしましょう。この言葉は一般には古くなり、穢《きたな》くなった女房といった意味で軽蔑的にとられていますが、これもまたはなはだしい誤解でありまして、女房の至れるもの、というのがその本来の意味なのです。少し酒を嗜む人だったらおわかりでしょうが、他所でどんなご馳走になりましても、帰って女房の出してくれる新鮮な香の物でいただく茶漬に勝るものはありません。それがご馳走というものの極め手でありますが、そのような香の物を用意するには、始終気をつかって糠味噌の管理をしなければならぬ。寒中に臭くて冷たい糠味噌に手を突込み、掻き回すことは、実に大変な苦労で、これは女房の至れるものでなくてはとうてい出来ないことであります。

男でいえば先ほどの馬鹿殿様のように馬鹿になり愚になる。女でいえばこのように糠味噌女房になる。これが家庭生活の最もデリケートな秘訣でありますが、それを端的に表現している言葉が、どうしたわけか逆に解釈されております。そうした意味においてヴァレリーの「せめて人が誤解しあえるほどに理解しあえれば」という言葉は大変に味のある言葉といわねばなりませんが、本日触れます王陽明も、現代でははなはだしく誤解を受けております。もともと王陽明並びにその学派は明《みん》代中期の社会が旧弊故習に泥《なず》み、因循姑息に陥り、虚偽頽廃の中に浮沈している現実を直視いたしまして、誤りを正し、真実を求め、世の中に新生命を鼓吹した人々です。それが後世に伝わるにしたがって誤解せられ、何か物騒な反体制的学問であるかのようにいわれるようになりました。

それを思うにつけましても、私が案じます一つの大問題はこの頃の議会政治、したがって選挙のことであります。これが本来の筋道からしますと、ひどく誤られており、その誤られた現実や解釈が国民一般の常識となってきている。これをいかにして正していくかは、実に緊急を要する重大課題であります。これがまた容易でありませんで、どうなっていくことかと案ぜられるしだいであります。

満洲の諸葛孔明・王永江とその詩「感時」

さてこういう話になりますと、問題が時論になってしまいますから、話をひきもどして、力富先生とお約束をしました通り、あとあと皆さんのご参考になりますように、お手許のテキストに則りまして、現代を考慮に入れて、王陽明の「啾々吟《しゅうしゅうぎん》」と王永江の「感時」を読んでまいることにいたしますが、「啾々吟」の方は皆さんがすでによくご存知と思いますので、「感時」の方から解説をしてまいります。

王永江についてはご存知でない方があろうかと思いますが、王永江の大先輩で、清朝末期に東三省の総督をしていた趙爾巽《ちょうじそん》という人が、彼を評して満洲の諸葛孔明《しょかつこうめい》と礼讃した。王永江は若い頃からすでにこのように傑出していましたが、満洲の覇権を握りました張作霖《さくりん》を援け、警察長官となって、東三省の治安を確立し、財政庁長として、よく財政経済を充実し、人心風俗を正し、官紀を振粛して未曽有の政績をあげました。張作霖はこれに力を得て、中原に馬を進めようとした。王永江は断乎これに反対して、現下の急務はあくまで東三省――満洲の内政に力をそそぎ、善政を布《し》き、民生を安定させ、理想の国家を建設することで、今は絶対に中原に打って出るべきでない、と諫めてやまなかったのですが、張作霖は野心鬱勃として押えがきかず、王永江はついに張作霖に失望し、これと袂を分ちまして故郷の金州に隠棲いたしました。社稷の重臣ともいうべきこの王永江を失ったことが張作霖の運の尽きでございました。それは同時に満洲の運の尽きでもあったわけでありまして、その後満洲はいろいろの動揺を来たし、郭松齢《かくしょうれい》の叛乱となり、ついにあのような悲劇的結末になってしまいました。

日本も軽率でした。孫文のごとき、満洲は日本に托してよいと考えていた。孫文がそういうのも理のあることで、中国の歴史を振り返ってみますと、中原即ち漢と北方の満洲とはまったくの別種の民族であるばかりでなく、漢民族の歴史は満洲族、蒙古族、西蔵《チベット》族、土耳古《トルコ》族等々、いわゆる東夷西戎南蛮北狄による侵略征服の歴史であり、中でも北方の民族には終始苦しんできた。そうした満洲族の最後の王朝である清朝に、漢民族は三百年の永きにわたって征服支配されてきた。その三百年間には康熙《こうき》帝のごとく、儒教の権化と仰がれた大帝や、またその後に続いて立った雍正《ようぜい》帝、乾隆《けんりゅう》帝などの善政により、本当のシナ文化の華が咲いた時代もあったわけですが、とかく漢民族にとって、満洲族は歴史的に見て異民族であり侵略者であり征服者ですから、本来の中国即ち漢から切離してもかまわない。その清王朝を打倒したのが中華民国であり、その代表者が孫文なんですが、孫文はあの革命を日本において用意し、いろいろの援助を受け、日本には多くの同志を得ているから、日本が満洲に王道国家を扶翼しようとするなら、何とでも話し合うことが出来たわけです。ところが日本はそうした歴史と、そこに潜む真理を深く知らなかったので、王道楽土を旗印として掲げながら、王道ならぬ横道に走ってしまい、ついに内外の怨を買って失敗してしまいました。このことは、学問見識のある国家的人材がおりませぬと、国民の利害休戚というものがいかに測り知るべからざる結果に終るかということをしみじみと感じさせることであります。

話がちょっと脇道へそれましたが、私は王永江が時局と張作霖に愛想をつかしまして金州に隠棲しておりました時、たまたま満鉄（南満洲鉄道株式会社）に招かれまして講学にまいりました。その節、王永江と義兄弟の道縁を結んでいた岩間徳也氏に案内されまして王永江を訪ねました。王永江はいかにも洗練された儒雅な風貌で、温厚な中に雄偉の気象を備え、会談にも平生の教養を思わせる深い味がありまして、私は一見した時から何ともいえない共鳴相識の情を禁じ得ませんでした。その時贈られた著作の中の『鉄龕《がん》詩存』という王永江自身の詩集の中に、王猛という名がしきりに出てくる。これは五胡十六国の時代（紀元四世紀後半）のことですが、中原の晋が北方民族に圧迫されまして南渡し、江南に東晋を作り余喘《よぜん》を保っていた頃、北方にいろいろの国が興亡し、したがっていろいろの人物が栄枯盛衰、戦闘攻伐を繰り返しましたが、そうした人物の中に前秦を建てた符堅《ふけん》という英傑がありました。王猛という人はこの符堅を補佐した宰相でございまして、学問もあり、磊落な気象風格と高邁な識見を備えた人物でした。

彼が世に出ずる前、貧乏でごろごろしていた時、晋の豪傑桓温が北上したので、出掛けて行き、経綸を敍《の》べたのはよいが、蝨《しらみ》をひねりひねり傍若無人に時事を論じたといわれており、この逸話は有名な故事となっている。この王猛が符堅に進言したのが、「決して長江を渡って戦をしかけてはならぬ、しばらく中原に蟠居《ばんきょ》して善政を布くべし」ということでした。そして彼は死に臨んでそれを遺言しさえした。ところが符堅は王猛の言に従うことが出来ず、兵を江南に進め、ついに淝水《ひすい》の一戦に大敗してしまった。三国時代の曹操を想わせることです。

歴史は繰り返す。張作霖も王永江の諫言を肯《き》かずして、符堅の冒《おか》したと同じ愚挙をしたわけであります。王永江の詩にしきりにこの王猛の名が見え、これを詠歎しているのは、こうした故事に由《よ》ってのことですが、私がふと口をすべらせまして「王猛の符堅に対するや、貴方の張将軍におけるがごときか」と申しましたところ、王永江先生は態度を改め、手を振って、「それは言わないことにしましょう」といわれましたので、「いや、失礼失礼」と口を噤《つぐ》んだこともありました。

私が、満洲から帰りまして二、三年後、昭和二年、王永江が日本に遊ぶというので、先ほど名前の出ました岩間氏がその予定を整えに来日した時、一日打ち合わせのため金雞学院に立寄られ、書生たちにお話をしていただいた。ちょうどその話の最中、王先生危篤の電報がまいりまして、氏は愴惶《そうこう》として帰満せられ、王氏は再び起たずしてついに昭和二年の十一月一日、五十六歳で亡くなられました。私にはあれやこれやいろいろの思い出深い人物でありまして、感慨を禁じ得ないしだいですが、その「感時」の詩は傑作でして、これをよく読みますと、わが現代をもそのまま詠じているといった感をいだかせられます。

感　時　　王永江

英雄見与書生異　　英雄の見書生と異なる
書生抱負済何事　　書生の抱負何事をか済《な》す
幾見英雄奏大功　　幾たびか英雄大功を奏するを見るに
斤々猶帯書生気　　斤々猶《きんきんなお》帯ぶ書生の気

沛公謾罵溺儒冠
屠儈黥徒尽旧歓
独有良平蕭曹在
動容不共腐儒看
仮酒昏蒙龐統狂
桓侯一怒下耒陽
審知枳棘栖鸞凰
動色趨風拝下堂
桓侯沛公皆謾士
有時猶重書生議
豈是今人異古人
虚声純盗何足恃
書生通病是空疎
英雄通病是軽儒
軽儒不尽英雄病

沛公《はいこう》謾罵して儒冠に溺《いばり》す
屠《と》儈《かい》黥《げい》徒《と》旧歓を尽す
独《ひと》り良平 蕭曹《しょうそう》の在る有り
動容腐儒と共に看《み》ず
酒を仮《か》って昏蒙す龐統《ほうとう》の狂
桓侯一怒して耒陽《らいよう》に下るも
枳棘鸞凰《ききょくらんほう》を栖《す》ましむるを審知し
動色趨風拝して堂を下る
桓侯沛公皆士を謾《あなど》る
時有って猶書生の議を重んず
豈《あに》是《こ》れ今人古人に異ならんや
虚声純盗何ぞ恃《たの》むに足らん
書生の通病是れ空疎
英雄の通病是れ軽儒
軽儒尽さず英雄の病

独病書生尽腐迂
安石不出望如渇
出誤蒼生悔迂濶
小事糊塗飾呂端
大言比擬誇諸葛
大難大疑相逼来
聴天竟少補天才
将軍白眼頻軽客
談士黄金枉築台
去病成功徼天幸
賓僚喜色私相慶
摛藻揚芬各論功
功人功狗互争競
書生何必鄙英雄
識見相懸才不同

独り病《うれ》う書生 尽《ことごと》く腐迂なるを
安石出でず望み渇の如し
出ずれば蒼生を誤り迂濶を悔《く》ゆ
小事糊塗呂端を飾り
大言比擬諸葛を誇る
大難大疑相逼《せま》り来れば
天に聴《まか》せて竟《つい》に天を補うの才少なり
将軍白眼頻りに客を軽んじ
談士黄金枉《ま》げて台を築く
去病《きょへい》成功天幸に徼《もと》め
賓僚喜色私《ひそ》かに相慶す
藻を摛《の》べ芬《ふん》を揚げ各々功を論じ
功人功狗互いに争競す
書生何ぞ必ずしも英雄を鄙《いや》しまん
識見相懸《へだ》たり才同じからず

西使班超憤投筆
北来鄧禹快従戎
人生毎苦不自知
責己如何責世時
成敗休論天下事
敗則狐鼠勝蛟螭
掀髯我為英雄喜
低頭又為書生恥
不英雄亦不書生
我独戻時褦襶子

西使班超憤って筆を投じ
北来鄧禹《とうう》 快《よろこ》んで戎に従う
人生毎《つね》に苦しむ自ら知らざるを
己れを責むるも如何《いかん》ぞ世時を責めん
成敗論ずるを休《や》めよ天下の事
敗るれば則ち狐鼠　勝てば蛟螭《こうち》
髯を掀《あ》げて我れ英雄の為に喜び
頭を低《た》れて又書生の為に恥ず
英雄ならず亦書生ならず
我れ独り時に戻る褦襶子《たいたいし》

英雄の見書生と異なる
書生の抱負何事をか済《な》す
幾たびか英雄大功を奏するを見るに
斤々《きんきん》猶《なお》帯ぶ書生の気

英雄の見は英雄の考えること。書生は日本人の感覚と違って読書人といった意。斤々は慎重、謹慎が一番よく当っている。最後の「書生の気」は物事に拘泥せず、まだ世間の苦労を積まず生き生きとしていること。したがってこの四行は、英雄の考えることは読書人のそれと同じでない。読書人はいろいろのことを考え論ずるけれども、一向大事はなし得ない。それに対して英雄が偉功を樹てたあとをよく見ると、極めて慎重なところがあるけれども、その中に小事些事に拘泥しない溌剌とした書生らしいところもある、ということになりましょう。

　沛公《はいこう》謾罵して儒冠に溺《いばり》す
　屠《と》儈黥《かいげい》徒《と》旧歓を尽す
　独《ひと》り良平 蕭曹《しょうそう》の在る有り
　動容腐儒と共に看《み》ず

沛公は漢の高祖 劉邦《りゅうほう》です。これは野人上りですから言行もずいぶんと野生的であった。したがって高祖の前にしゃしゃり出てしかつめらしく政策だの理論だのという思想家・評論家などを口悪くののしり、その冠を奪ってそれに小便をひっかけた。ですからその周囲の功臣にも、いわば不逞無頼の徒が多かった。屠は牛馬の屠殺人、儈はその仲買人、黥徒は入墨をした輩、倶利迦羅紋々です。高祖は天下を取ってからでもこうした連中を周囲に集めて、昔からの誼《ぎ》を尽したというのですが、これが前にあった書生の気というやつですね。

前漢の初代が高祖（劉邦）であったのに対して、後漢の初代が光武（劉秀）ですが、これはなかなかの読書人でした。そして光武を補佐した人物には学問教養のあるのが多かった。そうした意味において前漢と後漢は実に好対照をなしており、双方共にずいぶん面白い時代であったわけですが、高祖はこういうふうの英雄でありました。

良平蕭曹の良は張良、平は陳平、いずれも高祖の股肱の臣です。蕭は初代丞相《じょうしょう》の蕭何《しょうか》、曹はそれを継いだ曹参《そうしん》ですが、これらの人物ともなると、動容即ち行動や態度がやくたいもない小理屈をいう役人たちとはまるで違っていた——動容腐儒と共に看ず、ですね。要するにここは、野性的な英雄というものは複雑で単純でない、型のごとくでない、というわけです。

酒を仮《か》って昏蒙す龐統《ほうとう》の狂
桓侯一怒して耒陽《らいよう》に下るも
枳棘鸞凰《ききょくらんほう》を栖《す》ましむるを審知し

動色趨風拝して堂を下る

龐統は諸葛孔明と並び称せられた『三国志』の劉備幕下の英雄で不幸にして若死いたしましたが、これが初めは不遇で耒陽という田舎の県令即ち県知事をやらされておった。この時彼は酒を飲んでばかりいて何もやらず、韜晦していたから、そこで桓侯――これは関羽と並称されるあの張飛ですが、これが行政監察にきた。桓侯はとっちめる心算できたが、龐統を見て気がついた。枳棘はいばら、からたち、即ち極めて粗末な雑木。そうしたものの多いところには鸞とか凰とかいった立派な鳥は棲まないものなのだが、今龐統を見るに立派な人物である。こんな千里の人材をひどいところに置いていたものだと桓侯は気づいた。そして動色趨風――形容を改め態度を正して慇懃に挨拶をし、知事役所から帰ってきた。

桓侯沛公皆士を謾《あなど》る

時有って猶書生の議を重んず

桓侯も沛公も、即ち張飛も劉邦も、共に人間を馬鹿にし無視するところがあるが、時有って猶重んず――時あってこれは人物だと思う人間に行き会えば、それが書生であろうと何であろうと、地位・閲歴・資格などに頓着なくそのいうところに耳を傾けた。

これまでは要するに、動乱の中から創業するような英傑ともなるとさすがに奔放不羈であったことを詠歎しているわけですが、私はどうしたわけか、若い頃にそうした人物にいくらか接する機会をもつことが出来ました。先ほど控室で久しぶりに吉田茂さんの写真を見ましたが、その吉田さんの舅であった牧野伸顕さん(大久保利通の次男)が宮内大臣をやっておられた時——私の二十歳代の時だったのですが——初めて私は牧野さんにお目にかかりました。私はお会いしたとたんから日本の皇室は英国の王室の真似ばかりしていけないというようなことを具体的に論じ始めました。これは文字通り書生の議というわけであったのですが、牧野さんは真剣な面持ちで耳を傾けておられました。ところがちょうどその時議会の最中であったため、話をしているところへ秘書官が名刺をもったりしてたびたびやってくる。ですから私が、「お忙しいようだからいずれまたの機会に……」と腰を揚げかけると、牧野さんは、「いや、大変よいお話だから、ぜひもっと聴きたい」とおっしゃる。そこでさらに話を続けていたら、そのうちに外務大臣——当時の外務大臣は伊集院彦吉という人でしたが——これがお見えになりましたと秘書官がいってきた。それを聞いて牧野さんは、「今日はちょっと差支えがあってつごうがつかぬ、いずれ連絡するからその時にしてほしいとお伝えしてくれ」といって外務大臣を断ってしまった。それを聞いて私はこれはなかなか偉い人だと感心し、二時間ばかり気焔を上げて帰ってきました。帰ってからこれはどうもいささかしゃべりすぎたと反省したことでございましたが、その頃の人にはこうしたふうの野人的なところ、位階閲歴に囚われぬ自由濶達なところがあった。この詩のこのところはそうしたことを詠じているわけです。

なお思い出しましたのでついでにお話いたしておきますが、吉田茂さんが自民党の総裁になられた時、牧野さんが「あれは官僚で政党の首領などには向きません」といわれました。私はこれを聞いて「これは偉いな」とまた感心したのでしたが、牧野さんは今時の政治家に較べると、偉い人だったと思いますね。

豈是《あにこ》れ今人古人に異ならんや
虚声純盗何ぞ恃《たの》むに足らん

こうしたことは今の人間にも当てはまることで何ら昔の人と変るところはない。虚声純盗——つべこべと喧しく論ずるが内容がなくて実地に適用出来ぬ空論ばかりで、そうした空論を振り回す手合は本当は泥棒——月給泥棒に等しく何の恃みにもならない。

書生の通病是れ空疎
英雄の通病是れ軽儒
軽儒尽さず英雄の病

独《ひと》り病《うれ》う書生　尽《ことごと》く腐迂なるを

書生にあり勝ちな病弊はそうした空論を振り回すことであり、また英雄の通弊は自己の気概や意見に任せてずばりずばりとやり、学者や思想家を馬鹿にすることであるけれども、しかし英雄のこの病はその真価を誤るというような致命的な欠点でないのであって、それよりも自分が本当に私《ひそ》かに思い憂えているのは書生即ち思想家・評論家たちがどれもこれも腐敗しており迂遠であることである。

安石出でず望み渇の如し
出づれば蒼生を誤り迂濶を悔《く》ゆ

安石は晋の英雄謝安の字です。「乃公《だいこう》出でずんば天下の蒼生を奈何《いかん》せん」と謝安がいったのに対して、世間もまたそれに心から共鳴したのだが、この頃の自称安石は自分では俺が出なければといい、また、天下は真の英雄を渇望しているが、自らそのようなことを口にする連中がのさばり出ると、実は天下を誤り迂濶を悔いることである。

小事糊塗呂端を飾り
大言比擬諸葛を誇る

呂端は宋の初めの頃の名宰相。この人は些細なことには誠に優柔不断であったが、大事に当ると勇断果決であった。その呂端に引き較べてこの頃の自称安石の徒輩は小事には口喧しく拘泥するくせに大事に勇断した呂端のふうを装い、大言比擬——大言壮語して自らを諸葛孔明に擬して偉そうな顔をするが、

大難大疑相逼《せま》り来れば
天に聴《まか》せて竟《つい》に天を補うの才少なり

孔明が身を以て体験したような大きな難局、いかにしてよいか皆目見当もつかぬような問題が身近に起ったとなると、これを自然の成行に任せるばかりで、適宜に善処するに足るだけの才がない。

将軍白眼頻りに客を軽んじ
談士黄金枉《ま》げて台を築く

将軍の地位にある者は得難い客がきてよい話をしようとしているのに、これを馬鹿にして問題にしないし、偉そうなことをいう人士——政策の論議だ、人物間の斡旋だのいろいろ策動する連中はその実は黄金を目当てにして、結局は疚《やま》しい金で大邸宅を造るというのですが、古も今も誠によく似たものでして、日本の現在もそれと異なりません。明治の頃には一家の主人などが政治家になるというと、家族が大いに危ぶんだものです。「井戸塀」

と申しまして政治に手を出したら、田地田畑蔵屋敷を人手に渡し、結局は井戸と塀しか残らぬことになるから「井戸塀」というたのですが、明治の政治家は概して私心がなく、清廉潔白であった。それが当今では「井戸塀」はおろか大邸宅を造る。そこに大きな問題があるわけです。

去病《きよへい》成功天幸に徼《もと》め
賓僚喜色私《ひそ》かに相慶す

去病というのは漢の武帝を助けた名将軍の霍去病《かくきよへい》のことですが、これは手柄を樹てても、運がよかったことに帰して、少しも誇るところがなかった。ところがその幕僚たちは得意満面で俺たちの努力だといい私かに喜びあった。去病の謙虚さに比較して幕僚たちはこうした有様で、人物にそれだけの差があった。

藻を摛《の》べ芬《ふん》を揚げ各々功を論じ
功人功狗互いに争競す

藻はもという字ですが装飾を意味する。文章ですと文藻、詩ですと詞藻というふうにいろいろ用いますが、藻を摛《の》べはいろいろと飾り立てての意。芬は香、したがって芬を揚げは勲何等功何級などを自慢すること。そのようにして功人功狗――勲功のあった連中が互いに自らの功を吹聴しあうのが世間一般の有様である。

書生何ぞ必ずしも英雄を鄙《いや》しまん
識見相懸《へだ》たり才同じからず
西使班超憤って筆を投じ
北来鄧禹《とうう》快《よろこ》んで戎に従う

書生たち、世の学者や思想家たちはよく英雄をいやしむけれども、しかし真の英雄の識見才能は彼らとは遠くかけ離れて立派である。西使班超——この班超は後漢の人、紀元第一世紀の後半に西域に使いしたことから西使という。もともとこの人は貧乏で、筆耕に雇われ、親を養っていたが、時に感奮するところあって光武帝の次の明帝晩年に、西使に登用され、シナの西域五十余国を平定する大功を樹てた。また鄧禹——これも後漢の光武の名臣で、紀元一世紀の初頭に活躍していますが、学問・識見ともに備わった人物であったため、彼方此方から招かれたが動かなかった。ところがたまたま光武帝に見《まみ》えるに及んで、初めて相許し、軍国多事の間に処して大功を樹て、生涯にわたって光武帝を補弼《ほひつ》した。

人生毎《つね》に苦しむ自ら知らざるを
已れを責むるも如何《いかん》ぞ世時を責めん

ここは、いたずらに世の中を責めてもいたし方のないことで、むしろ自分の無力を責めるが本当だ、ということ。

成敗論ずるを休《や》めよ天下の事
敗るれば則ち狐鼠　勝てば蛟螭《こうち》
髯を掀《あ》げて我れ英雄の為に喜び
頭を低《た》れて又書生の為に恥ず

天下の成敗は究極するところ人物・教養・識見の問題であるが、栄枯盛衰の理は実に測り知るべからざるところがあり、敗るればその辺にこそこそと見え隠れする狐や鼠と同じ惨めな存在となり、勝てば竜のごとく、またみずちのごとく、大変な勢である。私はそれを思って英雄のために喜び、また頭を垂れて書生のためにその無為無策を恥ずかしく思う。

英雄ならず亦書生ならず
我れ独り時に戻る褦襶子《たいたいし》

しからばそのようにおっしゃる貴方はどういう方かといわるれば、私は英雄でもなく、また書生でもありません。褦襶子はつばの広い日傘を頭に頂いている人ですから、したがってここは、私は暑さを避けて――世事を避けて独り超然として涼んでいる人間ですという意味。

満腔の経綸用うるところなく、将軍張作霖も高祖のごとく、また光武のごとき人物でなくて、本当の経綸を解さない。自分の周囲には学者や思想家など多いけれども、実際の役に立つのはおらない。だから私はこうして金州の田舎に引き籠っているのだという心境を豊かな教養を駆使して力強く詠じた大変な傑作です。王永江の人物とその経歴を知り、当時の満洲並びに日本とシナの間のいろいろの経緯を想って読みますと、この詩は実に感慨無量のものを蔵しております。

日本の大臣や名士などにも王永江ほどの教養・抱負・品格のある人物があればと思いますね。こうした人物がしみじみほしい。こうした人が出れば、政治が変ってくる。現代の政治家たちはあまりに俗であり、為に世をいかに汚染しているか測り知れない。これは時代の流れのせいでもありますが、とかくこの頃は人間的妙味がなくなってまいりました。したがって先輩・長者・学者・教育者は心がけてそうした人物を作るように努めなければなりません。人材を養わなければ日本は興りません。

私は戦前にシナを主として、一部日本をも参考して、名宰相を研究し、その伝記評論のノートが相当量に上ったのですが、そのノートを戦災で消失し、がっかりいたしました。

そのおりいろいろと調べ考えさせられまして私が大方の宰相の中で、抜群の偉人と思った一人は耶律楚材《やりつそざい》という人でした。これは遼《りょう》――今の満洲の王族で、若い頃から非凡な人物でした。ところがその遼は金に敗れ、金は蒙古の成吉思汗《じんぎすかん》に侵略されて、亡んでしまったのですが、平定した成吉思汗は楚材に惚れこみ、楚材もまた成吉思汗と意気相通ずるを覚えました。人間の因縁・縁遇というものは微妙不可思議なものでありまして、十年つきあいましても心の結びが出来ない人は他人も同然ですが、それまで全然相識ることのなかった人間が一度相遇うただけで生涯の友誼交情に結ばれることもある。成吉思汗と楚材は後者の例で、一見ただちに君臣水魚の契を結んだ仲です。爾来、楚材は成吉思汗並びにそれに続く太祖太宗の両者を補弼し、三十有余年にわたって蒙古の君臣を指導、後の元朝を立てる基を樹てた。政治・軍事・経済・教化往くとして可ならざるはない上に、非凡な詩人であり、曹洞禅の高名な万松行秀の法系に座を占めてもいる。古今に稀なる人物です。この人に『湛然居士集』という書物がありますが、私はこれに心酔して読んだものです。彼の名言の一に、

興一利不若除一害　一利を興すは一害を除くにしかず
生一事不若減一事　一事を生《ふ》やすは一事を減《へ》らすにしかず

これは戦争・政治・建設・内乱とあらゆることを経験してきた人の政策結論の一つであります。日本列島をよくしようと思ったら、今日の害悪がどこにあるかをまず見究めて、それを除くことから始めなければなりません。一事を為す前に一事を減じなければならぬのですが、当今の政治家たちは、それは手柄にならぬから、逆に何か新しく事をなそうとする。それに引き較べてみますと、楚材のこの言葉は実に名言でございます。

知者は惑わず仁は憂えず——王陽明の詩「啾々吟」

時間がなくなってまいりましたので王陽明の「啾々吟《しゅうしゅうぎん》」に入ります。これについてはすでにご存知の方も多かろうと思いますので、解説はむつかしい故事などに留めて急ぐことにいたします。

陽明先生が四十九歳の時、明の王室の新藩で、江西の南昌地方を領した寧藩——日本でいえば紀州藩といったところの藩主宸濠《しんごう》が軽薄な野心家で、叛乱を起しました。これに対して朝廷が討伐軍を差し向けようと、ごたごたしている間に、陽明はいち早く宸濠を捕え、叛乱を平定してしまった。この時、水際立った陽明の功績を嫉みまして、宮廷の宦官・佞《ねい》臣《しん》が結託し、陽明を失脚させようと、ありとあらゆる奸策を弄しました。到底災難は免れまいといわれていたが、幸いに王陽明を識る人々の骨折りもあって、辛うじて危難を避けることが出来ましたが、王陽明は一切の功績を宮廷の小人たちに譲り、学問教育の優遊に隠れてしまいました。こうした間にあって詠まれたのがこの「啾々吟」の一篇です。

啾々吟　王陽明

知者不惑仁不憂
君何戚々双眉愁
信歩行来皆坦道
憑天判下非人謀
用之則行舎則休
此身浩蕩虚舟浮
丈夫落々掀天地
豈顧束縛如窮囚
千金之珠弾鳥雀
掘土何煩用属鏤

知者は惑わず仁は憂えず
君何ぞ戚《せき》々として双眉愁うる
歩に信《まか》せて行来すれば皆坦道
天に憑《よ》りて判下す人謀に非《あら》ず
之を用うれば則ち行き舎《お》けば則ち休す
此の身浩蕩《こうとう》虚舟浮ぶ
丈夫落々天地を掀《あ》ぐ
豈《あに》顧みて束縛窮囚《きゅうしゅう》の如くならんや
千金の珠《たま》鳥雀《ちょうじゃく》を弾じ
土を掘るに何ぞ属鏤《しょくる》を用うるを煩わさん

君不見東家老翁防虎患
虎夜入室銜其頭
西家児童不識虎
執竿駆虎如駆牛
痴人懲噎遂廃食
愚者畏溺先自投
人生達命自灑落
憂讒避毀徒啾々

君見ずや東家の老翁虎患を防《ふせ》ぐを
虎夜室に入って其の頭《こうべ》を銜《ふく》む
西家の児童虎を識《し》らず
竿を執《と》って虎を駆《か》ること牛を駆るが如し
痴《ち》人噎《いっ》に懲《こ》りて遂に食を廃し
愚者溺《でき》を畏れて先ず自ら投ず
人生命《めい》に達すれば自ずから灑落《しゃらく》
憂讒《ゆうざん》避毀《ひき》徒《いたず》らに啾々たらんや

知者は惑わず仁は憂えず

これは『論語』にある言葉ですから皆さんがよくご存知のところです。この後に勇者は懼《おそ》れずと続くのですが、詩ですから前の二句を取った。

君何ぞ戚《せき》々として双眉愁うる

君はどうしてそんなに心配そうに眉をひそめているのか。

歩に信《まか》せて行来すれば皆坦道

行来の来は動詞の行に付随する助動詞で、来たるという意味ではありません。英語のgo on或いはgo awayという場合のonやawayと同じものです。足の赴くままに悠々と行けば道は坦々たるもので八方に通ずる。

天に憑《よ》りて判下す人謀に非《あら》ず

之を用うれば則ち行き舎《お》けば則ち休す

審判は天から下るので人知のおよそ与るところでない。之を用うれば以下は『論語』の述而《じゅつじ》篇にあるのを引用したもので、天がわれを用いれば行き、用いなければ退くばかりである。

此の身浩蕩《こうとう》虚舟浮ぶ

これは荘子にも淮南子《えなんじ》にもある言葉でありまして、舟が向こうからやってきて、こちらの舟にぶつかる。船頭は腹を立てたが、人の乗っておらぬ空舟では、文句もつけられない、怒りようがない。それと同様に人間も無心でいけば、この虚舟と同様だ。

丈夫落々天地を掀《あ》ぐ

落々は屈託のないこと。男子はこせこせするものでない。鷹揚にしていればどんなことでも出来る。天地を掀ぐは天地は大自在であるという意。

豈《あに》顧みて束縛窮囚《きゆうしゆう》の如くならんや

どうして自分で自分をせせこましく束縛して思い煩い、不自由な囚われ人のごとくにしているのか。そんなにしていたずらに苦しむのは実に愚かなことだ。

千金の珠《たま》鳥雀《ちようじやく》を弾じ

土を掘るに何ぞ属鏤《しよくる》を用うるを煩わさん

千金に値いする高価な弾丸を用いて鳥を撃ったり、また、土塊を掘るのに名剣の属鏤を用いたりする必要がどこにあろうか。そうしたつまらぬことはしかるべきものに任せておけばよい。

君見ずや東家の老翁虎患を防《ふせ》ぐを

虎夜室に入って其の頭《こうべ》を銜《ふく》む

東隣の老人は虎のやってこぬようにと頻りに対策を講じていたにもかかわらず、ある晩虎がのっそりとやってきてその老翁の首をあんぐりとくわえた。それに対して、

西家の児童虎を識《し》らず

竿を執《と》って虎を駆《か》ること牛を駆るが如し

西隣の子供は虎の恐ろしさを知らないので、その辺にあった竿を手にして温和《おとな》しい牛に

向かうと同じように、シイシイと虎を追い出してしまった。こういう話があることを貴方は知っているでしょうが、無心なることの効験はかくのごとくである。

この比喩は実に面白い。あるところでこの詩を講じましてここへきました時に、ふと思い出してお話をしたことなのですが、こんな話があります。

大分昔のことなのですが大米龍雲とかいいまして、僧侶上りの兇悪無残で聞こえた大泥棒がおった。これがある晩一軒の家に押入りお山神《かみ》さんを縛り上げようとしたところ、そばで震えていた子供が箒を振り上げて猛然と龍雲に立ち向かってきた。母をかばおうとする子供の必死の気合に押されて、思わず二歩三歩と下るうちについに玄関口まで押しまくられた。その時龍雲はふとわれに返りそして思いついた、平素ならば一捻りであるはずの小童にこのように追いまくられるようになっては、俺もそろそろ年貢の納め時がきたかなと。そう思いついた彼はその晩はそこからそのまま引揚げたが、はたしてその後いくばくもなくして捕まってしまったと。このように懺悔しているのを新聞か何かで読みまして、思い出したのがこの「西家の児童虎を識らず云々」の条でありました。人間の無心というものは誠に偉いものでありまして、無心になって行動をすると、たいていのことが出来るものでありますが、その逆をいったのが次の句です。

痴《ち》人噎《いっ》に懲《こ》りて遂に食を廃し
愚者溺《でき》を畏れて先ず自ら投ず

お馬鹿さんが何かを食べたらたまたまそれが咽喉につかえた。それでお馬鹿さんのことですから物を食べるとむせるものと思い込みそれ以後は食を断ってしまった。また、愚人は溺れまい溺れまいとしてそのために却って溺死してしまう。物事に拘泥するとこうしたことになる。

人生命《めい》に達すれば自ずから灑落《しゃらく》
憂讒《ゆうざん》避《ひ》毀《き》徒《いたず》らに啾々たらんや

人は人生の命運のいかなるものかを知るに到れば自ずからにして灑落——灑々落々、さっぱりするものだ。讒や譏を憂え、迫害に遭うまいとしてくよくよするなんて、つまらぬことだ。

人間は無心になり、自ら信ずるところに従って鷹揚にやって行けばいいのだと、王陽明の到達した心境を詠じたのがこの詩でありますが、当時の陽明が内乱の鎮定にいかに苦労したか、また、それにもかかわらず宮廷の奸物とか禁軍即ち近衛軍団の妨碍《ぼうがい》にいかに悩まされたか、などをお話しいたしますとこの詩の興が一層深くなるのですが、時間のつごうで割愛せざるを得ません。とかくわれわれは平素よりよく学んでおくと同時に、事に当っては無心になって、即ち至誠一途に勇敢に行うということが肝要であります。これがなければ王永江でありませんが空議論に終る。事に処しては断々乎として行うという修練がなければ何も出来ぬどころか、われわれの不明のゆえに却って誤るようなことになりかねません。そんなことを限りなく考えさせられるのがこの「啾々吟」であります。(昭和四十七年十一月)

時世と『論語』

郷土の学――郷学というもの

最近東京において、全国師友協会の中央大会を開催いたしましたが、時局のせいもありましょう、開闢以来の盛会で、その厳粛で熱烈な雰囲気に、皆非常に感動を覚えたようであります。その時お集まりの方々から、その後いろんな報告を承りましたが、そのなかに、先ほどからお話に出ましたわれわれの一燈照隅行に関する、感動すべき実例が多々あることを、私も大変うれしく感じました。

私どもが長年提唱してまいりました郷学の奨励についても、多くの実績が報告されております。「キョウガク」といっても、教学ではなく――結局はそうなるのですが――郷土の学・故郷の学の意味です。即ち日本では、旧幕時代をとりましただけでも、三百諸侯と称される大小二百六十余藩が、それぞれ小日本を形成しておって、徳川幕府の中央集権のもとに大日本を作っておったのでありますが、その多くの小日本のなかに、注意して観察いたしますと、実に立派な名君、優れた家老・碩学・名僧・篤行家、そういう人々が輩出しておる。その地方郷土の人々がこれらについての研究・温故知新をすることが、一番具体的で切実な意義をもっております。抽象的、概念的な思想とか、あるいは運動、一時的、局部的な問題で宣伝活動するというようなことよりは、こういうものを振興することの方が——即ち「郷学」の研究や表彰に努力することの方が、またどれくらい意義のあることであるか、充実した問題であるか、計り知れないものがあると存じます。そういう意味で郷学の奨励をしてまいりましたが、その多くの実績が報道されまして、これまた感動を覚えました。

ここに奈良師友協会の代表が二人みえておられますが、つい先日、その奈良の五条というところで、森田節斎先生の百年祭が挙行されました。その前に、この愛知県師友協会でも、細井平洲先生の顕彰講演会が開かれ、遺墨などの展覧も行われました。その節、私がまいりまして、平洲先生のお話をいたしたことがございます。同様のことが節斎先生の生誕の地——奈良の五条で行われたわけです。それは市当局と師友協会の共同主催で盛大に行われました。節斎先生は、皆さんもご承知でしょうが、吉田松陰先生が、生涯、己れの師と仰いで、亡くなられるまで終生、門生寅次郎あるいは門生寅と称して師事された、熱烈な志士的学者であります。それだけに、この催しは、地方の人々にも多大の印象・感銘を与えたようであります。私もまいりまして、心をこめて、その人物・学問等を紹介しました。

こういうことがだんだんひろがってまいりますと、いつのまにか現在の時局に影響するところも、計るべからざるものがあろうかと期待するしだいであります。大演説会を開いて時局問題を痛論する、あるいは沢山のビラを撒き、デモを行うというのも、それぞれそれなりの意義があるかも知れませんが、これは大体、花火を打上げるようなもので、多くはそれっきりであります。ところがただいま申しましたようなことは、直接眼にこそ見えませんけれども、先ほどのご挨拶にもしばしば引用されましたように、それは意外な、絶えざる真実の影響・効果があるものであります。しかしこれは案外、やろうとしてもやれないことでございます。それを倦むことなくやっている一つが、この師友協会であるということを、改めてご注意願いたいと存じます。

時局と古典

さて時局でございますが、これはただいまもお話の通り、現在非常に紛糾・混乱いたしておりまして、率直に申しますと、従来の頽廃的な傾向・動き、それと、さすがにこれを是正し救済しようとする新しい動き・力、この双方がまざりあって、そのいずれが勝つであろうか——日本の時流・潮流というものが、幸福な正しい方向に決定的に向かうか、あるいは混乱・破滅という忌むべき境遇・運命に暴進するか、そのいずれに帰するかという、ちょうど分岐点に近づいていると申してもよいと思います。正直にいって、いずれかにはっきりと決めることのまだできない微妙な点にあると思います。考えれば考えるほど深刻であります。これは、昨日も岐阜の師友協会でちょっと触れたところでありますが、紛糾しているいろいろな問題のなかで、重大と思われる二、三の例を見ても、すぐわかることであります。ロシアにしても、中共にしても、米国にしても、ベトナム問題、あるいは日本の国内外の問題、そのどれをとってみても、そういう結論が出るのであります。

今日の会合は時局講演会ではありませんので、それをとくにお話しすることは避けねばなりませんが、しかしあくまでもそういう時局を念頭において論語のお話をしようと思ってまいったのであります。これに対して、えらい方角違いではないか——時局と『論語』とどういう関係があるんだろうか——時局とは只今のことだ、『論語』は古い本だ、こんなものがどう結びつくのだろうか、などと考える人が今日の時世では案外ありそうです。それは学問というものの本義を知らない考えと申さねばなりません。古くして維《こ》れ新たなるものが本当の古典であります。これは東西の学者や心ある人々の信じて疑わぬところであります。むしろ『論語』を真剣に読んだ方が、時局というものを観察する眼が澄んでくるのであります。深く地中に根を下ろしてこそ、立派な花も咲き実もなります。たとえば花でも実でもそれを立派なものにしようと思ったら、根が深くて養いがよくなければだめです。根が浅く、木が痩せ衰えていてはだめです。またあまり花や実が過剰に枝についていてはだめです。これを間引かねばなりません。それが果決であります。その意味で、今ここに『論語』をお話ししようというのは、時局に対する私どもお互いの頭を、あるいは腹を、しっかりしたものにする参考にもと考えてのことでありまして、決して時代を離れて古い文章語句のせんさくをしようとか、昔と今とをいたずらに比べようというのではありません。むしろ時局と『論語』ということに、皆さんが大いに興味を感じてくださるならば、私としてはまことに愉快であります。率直にいえば、以て談ずるに足るというわけであります。何ぶんにも時間がありませんので、ごく少数の原文を摘出いたしまして、皆さんのお手許に頒けていただいてございます。

俗説に、『論語』と「忠臣蔵」ははずれたことがないといわれております。論語などという古くさい書物を、今どき読む人があるのだろうかと、考える人も少なくないのでありますが、論語はいつ出しても、損をしないだけ売れるそうであります。「忠臣蔵」は何べんやっても必ず人が見にはいるそうです。思わくがはずれたことがないそうです。占領軍がかつて「忠臣蔵」みたいな封建的、伝統的なものはいかんというので、禁止したことがありますが、久しからずして、いつのまにか平気で行われるようになりました。とうとう、占領軍も黙認してしまいました。中共政権も一事、「漢楚」とか「三国」とかの史劇、民衆の好む戯曲を禁止したことがあります。これも結局うやむやになってしまって、いつのまにか、もとの通りに好んでやるようになってしまいました。人心というものは、一時は外から左右することができますが、少し長い眼で見ると、自ずから帰するところに帰するものであります。『論語』なども、一時は無視されましたが、いつのまにかまた喜ばれるようになりました。日本人は、日本や東洋に関することについても、外国における現象を好む癖があるのですが、その外国で、『論語』だの孔子だのは、今や一つの新しい問題・研究対象、あるいは話題になっております。

その一、二の例を申しますと、シカゴ大学の東洋研究で名高いH・G・クリールという教授がありますが、この人が『孔子』という立派な著書を出しており、岩波から訳書も出ております。その中でクリール教授は、Confucious――孔子を立派な革命家として取扱っており、孔子という人は、昨日《きのう》の朝のごとく新鮮であるなどと評しております。またソ連が月ロケットを発射して、それが月への軟着陸に成功いたしましたときに、その地点に、孔子の名に因んで命名した。そしてプラウダは、孔子は偉大な科学者であるなどとも書きました。そうすると、軽薄な日本の文人たち――今まで孔子だの『論語』だのを軽蔑したり、無視したりしていた連中のいく人もが、にわかに態度を改めて、急に孔子を尊敬したり、『論語』を引用したりいたしました。こういう人々が一番つまらぬ者であります。孔子は、クリールが何といおうが、プラウダが何と書こうが、ソ連政府が何と利用しようが、そんなことには関係なく、永遠にして不朽の偉人であり、『論語』もまた永遠不朽の古典でありますが、そんなことがあると見直すなどというのは、人間の恥ずべきことの一つです。

そんなことは要するに閑話・無駄話ですが、ところで、その「閑話休題」に振仮名をつけて、「アダシゴトハサテオキ」と訓《よ》ませる。日本の振仮名というのはいいものです。なかなか気の利いたものであります。昔は振仮名のおかげで、たとえば車曳《ひ》きなどが、客待ちの間にけこみに腰かけて、講談本などを読み耽ったものです。その講談には振仮名がつけてあるので、本文はむつかしいのですけれども、おかげで無学な車曳きも結構、楽しんで読める。講談は今でも民衆に非常な感動を与えている。落語が青年にもはやりだした。大学生にもはやりだした。これは現象としては面白い問題ですね。

私も疲れますと、古典を読むようにしております。読むようにしておるのではなくて、自ずから読み習わしております。しばしば思い出すのですが、第一次大戦のときに「猛虎」という綽名《あだな》を受けたフランスの名宰相クレマンソーが、自分は政治の俗悪に堪えきれなくなると、いつもギリシャの古典に帰るんだと述懐いたしております。心ある人々にはよくわかることであります。これほど救われること、教えられることはない。同じようなことを多くの人々が経験してきたと思います。私もその経験を常にするのでありまして、ベトナム問題とか、沖縄問題とかいうことについても、無数の報告・議論があらゆる新聞・雑誌にありますが、そんなものを読むよりも、あるいはそういうものを否応なく読まされ、聞かされて、くたびれたようなときに、たとえばこの『論語』を読みますと、最もはっきりと、もっと満足な結論を自ずからにして得る。これが古典の妙味であります。私などは古典に親しみだしてから、六十有余年になります。小学校に入りますと、『孝経』・『四書』から始めて、素読というものをやりました。第一番に『孝経』、それから『大学』をやりました。小学校に入ったときは『大学』を読んでおりましたが、学校へゆくと、先生から「タコ」「ハタ」「コマ」と書いた読本を与えられ、学校ではタコ・ハタ・コマ、家《うち》へ帰ると『大学』を読むということで、どちらが面白かったかといえば、家の方が面白かった。学校は馬鹿馬鹿しくって仕方がなかった。これは私だけではない。今でも子どもにそういうふうに教えますと、子どもは必ずそういうむつかしい本を喜びます。喜ばなかったら、それは教え方が悪いのです。正しく教えれば、子どもは必ずむつかしい方を好みます。人間の頭はそういうふうにできているのです。

人間と頭脳

このごろ大脳医学が発達いたしまして、それに関する書物がいろいろ出ております。それを研究している人々のさまざまな報告や論説の中から、必須と思われるものを、ある時、私が『師と友』誌上に解説したことがありますが、お読みになった方はご記憶であろうと思います。人間の頭ほどありがたいものはない。これは神の恵みの優なるものの一つであります。人間の頭はどれほど使っても悪くならない。使えば使うほどよくなる。頭を使って頭を悪くしたなどというのは間違いです。それは頭が悪くなったのではなくて、身体のどこかが悪いために、その影響を受けただけのことです。たとえば第一に皆姿勢が悪い。姿勢が悪いということは頭のために非常に悪いので、勉強して頭がくたびれるとか、疲れるとかいうものではないのです。姿勢が悪いから、胃腸が悪いから、肺が悪いから、空気が悪いから、まあいろいろと他の条件がよくないために、その影響を受けてそうなるのでありまして、頭そのものはいくら使っても決して悪くはならない。むしろ使えば使うほどよくなるものである。

ところが専門家にいわせますと、ふつうの人間は、そのせっかく結構な頭の平均十三％くらいしか使っていないそうであります。ずいぶん不景気な時には、いたるところで工場を遊休施設にしますが、人間のあらゆる遊休施設の中で、最ももったいない遊休施設は、皆がもっている頭である。自分の頭である。せっかくの立派な頭——使えば使うほどよくなる頭を、放ったらかしてある、休ませてある、錆びつかせてある。しかもこの頭はまた結構なことに、むつかしい問題と取り組めば取り組むほどよくなる。これは肉体でもそうですがね。肉体も甘やかしておいたら、体力がつきません。鍛えるほどいいのです。頭はとくにそうであります。困難な問題——むつかしい問題に取り組むほど、よくなる。だからむつかしい問題に取り組むというのは、本能的に愉快なのです。それは純真な子供がちゃんと証明している。大人になると心理が不純になっておりますから、だめですが、子供は純真でありますから、むつかしいことを教えた方が喜ぶ。またそれをこなす。子供は幼稚だからなどと考えた誤れる教育者が、昔からずいぶん多かったのであります。こんな考え方は実は、子供ではなくて已れ自身の頭が幼稚なこと——こういうと、幼稚という言葉が泣くかも知れぬが——已れ自身の頭がそれこそ疲労困憊していることから生ずるものであります。ですから、この世間で、疲れたということはとても耐えきれない——ただださえ疲れているのに、むつかしい本など読めるものかなどと考えるのは、それはすでにその頭がまいっている証拠でありまして、そういう時こそ古典が面白くなるので、そういうふうに頭を向ければ、これは大いなる若返りであり、蘇生であります。

それで私なども幸いにして、そういう理屈は知らずに、疲れると古典を読むということを、何十年か続けてまいりました。学問らしい学問に志してからも、すでに五十年、いろいろと人生のこと、世界のことを研究・体験してまいりました。時局の問題にも終始いろいろと関係もしてまいりました。見物してきたのではない。時局の渦中にあって、日本近代の激流ともいうべきものを潜りぬけてまいりました。すなわち身を以てこれに当る——体験してまいりました。そしてさまざまな苦悩や疑惑を経験いたしますごとに、問題に関するいろいろな研究とかレポートとかいうものよりは——確かにクレマンソーも申しましたように、またその他の偉大な先人・哲人たちの言葉の通りに——むしろ古典によって多く解決を与えられ、確信を与えられたのであります。

『論語』というもの

世間では、孔子という人を、とても窮屈で頑固な、形式道徳の固まりみたいに、いわば非人間的な人物のように思っている人が少なくない。これはとんでもない逆さまごとでありまして、孔子という人は一番人間的な人であり、人間通である。しかし孔子の話などをしておりますと、すぐ二時間くらいは経ってしまいますから、省略することにいたします。ただご承知願いたいことは、孔子という人は人間として最も練達した人である。いわゆる人間通である。いわゆる人間的な人である——知らない人が考えているような人とは全く別な人である、ということであります。これは皆さんには言うを用いないことかも知れませんが、そういう孔子が、いろいろと教えられたこと——語られたことを、後になって弟子たちが編纂いたしましたものの一つが、この『論語』なのであります。

したがって『論語』には、孔子を中心にして、その弟子・その友人たちの言葉、あるいはその間の物語などを集めてありまして、最も人間味豊かな書物であります。それを静かに玩味いたしますと、実はわれわれお互いが『論語』の中に生きておるのであります。お互いがその中に躍々と出てくるのであります。それだから面白いのです。皆さんがこれを本当に味読されると、皆さんの親しい人々の姿が彷彿として『論語』の中に出てくる。「ああ、この人は家《うち》の親父《おやじ》に似ている」とか、「ああ、この人はあの友だちにそっくりだ」とか、というようなことを感ずるのであります。『論語』の中で行われている問答が、そのまま、われわれの日常の会話なのであります。それだから面白いのです。ちょっと文字がむつかしいとか、意味が深いとか、いうだけの違いであります。私なども年をとるほど、そういうことに気がつきまして、興味津々たるを覚えます。

私などは、世間の人に比べれば、『論語』について精通している方でありますが、それでも『論語』は、何べん読んでも初めて読むような気がいたします。年をとればとるほど、経験をつめばつむほど、『論語』が面白くなる。新しい発見をする。それについていろいろ思い出すことがあるのですが、その中の忘れられないことの一つに、こんなことがあります。私の学生時代に、国文学者で、俳句で名高い沼波瓊音《ぬなみけいおん》という人がありました。私はこの方と非常に親しくいたしまして、私にとって知己の一人と申してよいのでありますが、この方の晩年に、というよりは亡くなられる少し前に、病が重いと聞いて、ある日、お見舞にあがりました。奥さんがどうぞこちらへといわれるので、もう遠慮のない間柄ですから、玄関からつかつかと病室にまいりますと、私が部屋に入ると同時に、ベッドに寝ていられた先生がひょいと何かを枕の下に隠された。その端が見えておるので、それは何ですかと聞きましたら、にやりと笑って出されたのが、ポケット論語というものであります。『論語』ですねと私が申しましたら「いや、お恥ずかしい話だが、私は死に際になって初めて『論語』というものが実に面白いと知った。新たに『論語』の妙味を発見した」――「自分は文章に携わってきた者だが、文章の点からいっても、『論語』は至れるものというていいのじゃないかと思われる。それで今頃になって改めて、こうして『論語』を読んでいるんです」と、こういうことを大病の枕の上で、しみじみと述懐されたのですが、私はこれを聞いて非常に印象を深くいたしました。

私がいろいろと時局の難問題を考えさせられる時に、非常に頭にひらめくものの数々が、やはり『論語』から発しております。だがそういうお話をしておりますと、切りがありません。ところで実はこの数日前に、またしても紋切型の挨拶に接しました。それはある名士のテーブル・スピーチの一節なんですが、「今や、民は之に由らしむべし、之を知らしむべからず、というような封建的思想は通用しなくなって」云々というのです。私はひそかに、ああまたかと思いましたので、今日はそれから始めることにいたします。

千載肝に銘ずべき名言

子曰、民可使由之。不可使知之。（泰伯）

「子《し》曰《いわ》く、民は之《これ》に由《よ》らしむべし。之を知らしむべからず。」――その人はこれを引用して挨拶をしたわけです。ところでこの解釈に入る前に、もう一言、注釈いたしておきたいことがあります。『論語』は、ただいま申しましたような意味に関連してすぐわかることですが、輪語といってもよいのです。あるいは綸語と書いてもよいのです。論語は輪語であり、綸語である。これは『論語』に関する有名な註疏である梁《りょう》の皇侃《おうがん》の『論語義疏序』という注釈の中に解説されております。『論語』という本は実に円転極まりないものである。すなわち何か一つに通ずるというようなものではない。一廉《ひとかど》というようなものではない。これは円転限りなし、円通自在の本である。人間のいかなる問題にも適用することのできる――通達することのできる、円転極まりない、あたかも車輪のごときものであるから輪語という。仏教にも法輪という。『論語』は弟子たちが論撰したもの（仲弓・子游・子夏らが撰定したもの）であるから『論語』というが、またそれは一切世間の問題を治めることができるから――経綸することができるから、これは綸語である（漢の鄭玄《じょうげん》）。また鏡というものは、どんな大きなものでも一方しか映らない（偏用）。ところが玉はどんな小さなものでも上下左右をほのぼのと照らす。すなわち『論語』は鏡のごときものではなくて、立派な円珠のごときものである（梁・皇侃義疏）――こういう解説をしておりますところから、古来、日本の学者・博士家では、『論語』のことを円珠経と申します。南朝の正平年間、あの乱世に、すでに立派な『論語』が開板されておるのでありますが、この正平板というのは非常に尊いものであります。ともかくこれは円珠経といわれております。もっぱら円珠経という方が、古来、日本の専門家の間には多く使われております。まさに『論語』は輪語であり、綸語であり、円珠経であります。

さて、この「民は之に由らしむべし」ということも、まことに無限の味わいのある、今日にも円通する、今日の経綸にも役立つ言葉でありまして、先ほどの人が挨拶にいいましたようなことは、とんでもない『論語』読みの『論語』知らずであります。この「民は之に由らしむべし」の「べし」は命令の「べし」であります。これは古来、『論語』の注釈家もはっきり説いております。次に「由る」というのは、文字通りに依る――頼る――信頼する、という意味です。民衆というものは「之に由らしむべし」――「之」は民衆を指すのでありまして、「民衆をして信頼せしめよ」というのであります。これは政治家に与えられた教訓でありまして、民衆に投げかけられた軽蔑の言葉ではありません、批評の言葉ではありません。政治家を相手に教えられた言葉でありますから、あなたがた政治家というものは――為政者というものは、民衆から信頼を受けるようにならなければならない。民衆がこれを尊敬し信用する人間にならなければならない。これが「民は之に由らしむべし」の意味です。ある学者は「之」は「為政者」を受けるといっていますが、すると「民が為政者を信頼するようにしなければならない」ということになって、結局は同じことであります。「之」は「民」を受けるといっても、「為政者」を指すといっても、どちらでも通じます。私はむしろ、語法上軽い意味ですから、「民」を受けるとして差支えないと思います。「民は之に由らしむべし」即ち「民をして信頼せしめよ」と解しておきます。

さて後半の「之を知らしむべからず」というのは、「知らしめてはならない」ということではない。「べからず」は可能、不可能の「べからず」であります。民衆に知らせる――理解させるということは、むつかしい――なかなかできない、ということです。民衆というものは本当のことがわからない。民衆に本当のことをわからせるということはむつかしい。徹底していうなら、それはできない。そういうわけであるから、何はともあれ政治家というものは、理屈ぬきにして、民衆から信頼される人間でなくてはならない。民衆から信頼される人間でなければ政治家ではない――こういうことであります。これは残念ながら、爾来《じらい》一向に改まらない真理であります。民衆というものは、さまざまな人間の集まり、あるいは群衆でありまして、人々は皆それぞれ自らの利害に生きておるわけであります。

さて、スペインにオルテガという人がおりましたが、オルテガは、ヨーロッパでは珍しい思想家・哲学者でありまして、とくに大衆、したがって大衆社会の研究に詳しい人であります。いろいろと名著を出しておりますが、この人もやはりいうておる――現代は大衆社会の時代である。ところで大衆というものは、偉大な力をもち、可能性をもっておる。つまり大衆は導きよういかんによっては、実に大きな力を発揮するものであるが、それ自身では何ものをも創ることはできない。のみならず、大衆というものは、よほど指導よろしきを得ないと、常に堕落し、破壊・破滅に陥る危険がある。この大衆の中にあって、多くの人間と同じようにものを考えたり、同じように振舞ったりすることに甘んじない個性や、独特の見識・信念をもつ人物もないではないが、そういう人々を大衆はみな弾き出してしまう。それで、大衆が非常な力をもっているような国の政治を見ると、みんな意見のないその日暮らしに陥っておる。男どもは何のすぐれた見識も信念もなく、風の吹きまわしで生きておるし、女どもはいかなるタイプの男を選ぶのが自分にとって価値があるかなどいうことは何も知らないで、ただ流行現象を追っておる。だから、世の中が大衆化すればするほど、エリートが必要である。いかにしてこの大衆を救うか——いかにしてこの大衆のもっている本当の力を発揮させるかということが大切で、それのできる偉大な指導者、すなわち大衆とは反対のエリート——精鋭が必要である。これら精鋭のいない大衆には、堕落と破滅があるのみである——オルテガはいろんな方面から問題を把えて、こういうことを諄々として説明しております。群衆とか、大衆とか、民衆とかいうと、すぐ思い出すのですが、オルテガなどよりずっと前に、フランスにルボンという名高い心理学者がおりました。このルボンもほぼ同じようなことをいっております。人間は大衆の中に入った途端に、素質が落ちてしまう。一人でおれば決してつまらぬことを考えたり、振舞ったりしない人間が、ひとたび大衆の中に入ると、いわゆる理性だの、反省だの、あるいは情操だのいうものを、いつのまにか失ってしまって、嵐に吹かれる木の葉のように、無分別な動物的行動をするものである――こういうことが徹底的に究明されておるのであります。
今の人は大衆というものを誤解して、ただ大衆なるがゆえに偉いものであるという。これが投票本位の選挙政治・代議政治とも関連してくるのですが、ともかく大衆というものをむやみに尊重する。というよりは、大衆を恐れ、これを狡猾に利用しようとして、大衆を甘やかし、これに迎合する。これは国家を、民衆を、政治をまず頽廃させることです。そういうことを大衆にうまく知らせようとしても、とてもわかることではない。ただ大衆において逸すべからざるものは、悪にも感ずるが、善にも感ずる、非常に感じやすい可能性である。これは豊かに大衆の中にある。だから、ここに優れた人が出てきて、優れた言動をすれば、それに無条件に共鳴するものは、やはり大衆である。大衆というものは、本当のところは、そんなむつかしいことはわかりはしない。けれども、あの人は確かだ、あの人は尊敬に値する、あの人なら大丈夫だという直観力はもっている。民衆というものは、それに知らせよう――理解させようと思っても、それは非常に困難、あるいは不可能なことであるから、そんなことをあてにするよりは、幸い大衆には本能的な直観や、信頼の感情があるんだから、まず以て理屈ぬきに、尊敬・信頼に値する人間になれよ、こういうことなのであります。

これは立派な真理です。その通りなのです。俗な言葉にも「頼んまっせ」とか、「頼りにしてまっせ」とか申します。あの通りです。民衆というものは、くどくどとうるさいこと、時には狡い宣伝、そんなものは聞きたくもない。それよりは「頼むぜ」——「当てにしてるぜ」——「頼りにしてるぜ」といいたいような指導者がほしい。それが大衆の本能、人間の本能です。われわれのようなものでもそうなのです。実のところは、政治だ、経済だ、何だかだと、いちいちうるさいことを、いつまでも聞きたくはない。関与したくはない。くだらない人間に会う暇があるなら、それこそ本を読みたい、ものを考えたい、詩も作りたい、文章も書きたい。ソロバン勘定や暮し向きのことなども、出来れば女房で沢山。聞かされずにすむなら、こんなありがたいことはない。これは世の亭主ども、親父ども、皆そうだと思う。しかたがないから、こそこそと金勘定をしたり、支出だ、収入だと考えたりするのだが、そんなことは、知らぬですむなら、それに越したことはない。いわゆる「頼んまっせ」——「当てにしてますぜ」というやつで、そんな女房や、そんな親父や、そんな友人や、そんな政治家・事業家がふえれば、民衆にとってこれ以上ありがたいことはない。そういう政治家や事業家のおる国が大国です。立派な国です。

熊さん・八っあんまでが、「何してんだ」——「しっかりやれ」といわねばならぬような政治家や事業家の渦巻いている国は劣等国である。危険きわまる国である。「之に由らしむべし。之を知らしむべからず」――本当にこの通りである。それを、こんな考え方は封建的、弾圧的な思想でだめだ、現代は大いに「知らしめねばならぬ」なんていうのはおかしい。そんなことをいうのは、今や政治家が民衆から尊敬され信頼されるという時代ではない、民衆にうまく宣伝し、うまく理解させて、ごまかした方がよいということになるが、そんな馬鹿なことはないでしょう。ところが、困ったことに、それがさまざまに解釈されるのです。人間というものは、それこそオルテガやルボンではないが、大衆化すればするほど、せっかくのよいことがだんだんわからなくなってゆく。ちょうど逆になってしまう。

だからわれわれも絶えず、大衆生活というものに対しては警戒しなければならぬ。ことに大都会などで生活すればするほど、孤独になるということを心がけねばいけません。家庭生活でもそうです。始終、家族に取り囲まれて、わいわいいっておるような亭主や親父は堕落します。家族の中にあっても常に孤独の時間をもつということが大切です。そういう意味で、たとえ三畳でもよいから、自分の部屋――書斎をもって、暇あるごとに独坐して古今の書に対するという心がけをもたぬとだめです。いい両親をもち、いい女房をもち、いい子どもをもち、ほくほくしてみんなの間でテレビを見たり、茶話ばかりして暮していたら、そんな亭主、そんな親父はすぐに本当の馬鹿になる。人間は絶えず孤独にならなければならない。そうすることによって、多くのものから、「由らしむべし」――信頼され、当てにされ、頼みにされるだけの人間になれる。「之に由らしむべし。之を知らしむべからず」ということは、千載肝に銘ずべき名言である。これは政治家たるものは、偉くならなければいかんということです。では偉くなるとはどういうことかというと、正しくなるということです。地位とか名誉とかの問題ではない。

政は正なり

季康子問政於孔子・孔子対曰、政者正也。子帥而（以）正、孰敢不正。（顔淵）

「季康子《きこうし》、政を孔子に問う。孔子対《こた》えて曰《いわ》く、政とは正なり。子帥《ひき》いて而《しこう》して正しければ（帥いるに正を以てせば）、孰《たれ》か敢《あ》えて正しからざらん」――次に、魯《ろ》の実力者である季康子が政（まつりごと）を孔子に問うた。季康子という人物についても、これをお話しすれば、時間が要ります。大して必要もありませんから、孔子の生国・魯の実力者ということで片づけておきましょう。その季康子が政を孔子に問うた。すると孔子対えて曰く、「政は正なり」――政治とは、政とは、正である、というのです。「子帥いて而して」――この「而」

が「以」となって、「帥以正」と書いてある本もあります。『論語』には、ご承知のように、魯論・斉論・古論と、いく通りもあって、本によっては「以」となっております。それで「子帥いるに正を以てせば」でもいいわけです。「孰か敢えて正しからざらん」――これは顔淵篇の中にある。

まさにその通りで、「政は正なり」、政は正しくなければならない。政が間違っていてはいけない。間違うといっても、過ちはまだいい。ところが正は邪に対する。もう一つ偽に対する。正邪・正偽というのが相対的な問題で、またしたがって相対的な用語であります。政は正でなければならないというのは、政は邪であってはいかん、偽(うそ)であってはいかんということです。それが近頃の世の中を見ると、いかにも「邪」「偽」がひどすぎます。時局に一つ例をとってみましょう。邪や偽の話をあまり具体的にやると、人身攻撃のようになるので、人の前ではちょっと芳しくない、面白くない。だからまあいいにくい。だがこれくらいのことは申してもかまわぬでしょう。この間の学生の騒ぎについても、これに対する正論というものよりも、邪論というものの方が実に多い。学生が悪いんじゃない。学生の覇気のやり場がないから、何か問題を把えてああいうふうに脱線するんであって、あれは政府が悪いんだ、というように、何でも政府にもっていってしまう。正邪・曲直を論ずることを努めて避けようとする。これは歴史上珍しくないことで、決して戦後の特別の現象ではないのですが、戦後、特に最近になって別してひどい。正邪の区別がつかないで、邪論・邪思が横行している。昨日、岐阜でもちょっと口をすべらしたことでありますが、戦後、人間の道徳が非常に頽廃いたしました。それがひどく眼に映る頃に、どういう小説が出たか。いったい、時代を観るのに、文芸、それから音楽、そのほか民衆の風俗や趣味、そういうものがよい標準になるのです。婦人であれば髪形、衣裳、こういうものが、ずっと系統的に見てくると、時代に相応しておる。あるときはスカートが長くなる。あるときはスカートが短くなる。こういうことは決して無意味ではないのです。髪でも、あるときは低くなる。あるときは高くなる。これみなそれぞれ時代にとって意味がある。

ところで小説ですが、『美徳のよろめき』というのが出たことがある。「よろめく」という言葉が、それからはやりだしたのか、その言葉がはやりだしてから、そういう小説が出たのか、どちらが先か知らないが、とにかく美徳がよろめきだした。すると間もなく、『悪の愉しさ』という小説が出た。こんな小説は今までなかった。悪というものは、少なくとも悪いもんだ、文字通り悪いもんだというのが、民衆の通念であり良心であった。それが悪の愉しさというものになってきた。すると次に出たのが『日々の背信』――毎日毎日信義に背くのが日々の背信、こうなるとひどいなあと語りあっておったら、やがて『悪徳の栄光』などという小説が出てきた。悪を好む、悪を露出する、悪を賛美する。裏返しにいえば、善を軽蔑する、善を忌避する。したがってやかましい道徳とか戒律とかいうものよりは、享楽とか、レジャーとか、バカンスとか、ビートニックスとか、ヒッピーとか、フーテンとかいうようなものがだんだん面白くなって、それに興味をもつ。そこでほとんどの小説や戯曲が、人間の悪を描写するというようになってきた。邪悪ですね。したがって同じ人間でも、よこしまな人間がもてはやされる、流行する。新聞や雑誌なども、昔からの通念では変な人間・与太者などと見られた者に興味をもって、それをでかでかと書きたてる。邪悪です。

それと不可分の関係にあるのが偽(うそ)ということです。今日の人間——社会には実に偽が多い。小にしては個人生活から、大にしては国際関係にいたるまで、あまりにも偽がはなはだしい。こういう時に、世をよくしよう、世界をよくしようとしたら、「これを帥いるに正を以てする」人物が輩出するほかにない。これは論語に書いてある通りです。

真の達人、指導者とは

子張問、士何如斯可謂之達矣。子曰、何哉爾所謂達者。子張対曰、在邦必聞。在家必聞。子曰、是聞也。非達也。夫達者、質直而好義、察言而観色。慮以下人。在邦必達。在家必達。夫聞者色取仁而行違。居之不疑。在邦必聞。在家必聞。(顔淵)

「子張《しちょう》問う、士何如《いか》なれば斯《こ》れ之《これ》を達《たつ》と謂《い》うべきか」——士は指導者です。どういう人物を達、すなわち達した——偉い境地へいった人といいますかと子張が問うた。子張という人物も面白い人物なんですが、これも『論語』の中に始終出てくるお弟子さんですから、今日は説明を省略しておきましょう。

そうすると孔子が、「何ぞや爾《なんじ》の所謂《いわゆる》達なるもの」——お前が達士というのは——偉い境地へ行っている人、いわゆる偉い人というのはどういうものか、お前の意味するところはどうか、と問い返された。すると子張が答えていうには、「邦《くに》に在りても必ず聞こえ、家に在りても必ず聞こゆ」——家とは家老の「家」です。邦とはすなわち大名です。大名家でも、その中の家老家でも必ず聞こえる。藩は邦にあたり、その下の重臣、これを「家」という。日本の大藩でも、一万三千石とか、一万五千石という大家老があります。大小名の小名と同格、あるいはそれ以上です。そういう邦に在っても、家に在っても、必ず聞こえる、有名になる。俗にいう名士です。そういう人物のことでございますと、子張は答えたわけです。すると孔子は、「是れ聞なり、達に非《あら》ざるなり」――それは達というんじゃない、聞《ぶん》というんだ。名士は聞こえる人、聞こえた人、つまり聞人《ぶんじん》だ、と諭されて、さらに続けて次のように申しておられる。

「夫《そ》れ達とは質直にして義を好み、言を察して色を観《み》――達というのは、質朴正直で好んで義を行い、人のいうことをちゃんと明らかにして、そうしてその人間の上辺《うわべ》をよく見てとり、「慮《はか》って以《もっ》て人に下《くだ》る」――事に当たってはよく考えて、しかも人にへりくだる。その結果、その人の本当の徳、本当の能力が、「邦に在《あ》っても必ず達し、家に在っても必ず達す」――自然に当然に優れた地位に到達する。こういうのが本当の達人であり、達者である。これに反して、いわゆる名士・聞人・聞者というものは、「夫れ聞なるものは色に仁を取りて行いは違《たが》い」――表向きはいかにも仁者らしい。国家のこと、民衆のことを思うて、そのために働いているかのような格好はする。しかし実際に行うところは、それと反対である。つまり表と裏とでは別々である。喰い違っておる。平仄《ひょうそく》が合わない。うそであり偽である。にもかかわらず「之に居《お》て疑わず」――平気なものである。この頃の政治家とか、名士とかには、これが多いですね。表と裏とは全然矛盾しておる。それで平気である。「矛盾を矛盾とも思わぬ。それであって、「邦に在っても必ず聞こえ、家に在っても必ず聞こゆ」――どこででも有名人にはなる。実にはっきりと説明しわけてありますね。これも偽物、偽り、よこしまです。今日の名士というものが、その名に値するだけの達者・達人、すなわちエリートならいいんです。世の中はどんどんよくなる。いかもの――これをこの頃インチキというが、このインチキがはびこる世の中だから、どうにも手がつけられない。このインチキをいかにして直すか、これは国内政治でも国際政治でも、ひとしく大切な問題であります。

今日では戦争というものも、みな驚くべき偽瞞・詐術となっておる。いかにして人を欺くかということに重点が置かれておる。ところが、そういうことはすでに孫子《そんし》の兵法にちゃんと書いてある。孫子・呉子《ごし》――孫呉の兵法といわれる、この『孫子』を読むと、「兵は詐《いつわ》りを以て立つ」とはっきり書いてある。戦争に軍を動かすということは、これは詐りを以て立つ。兵は詐術である。唐の太宗も「朕・千言万句を観るに」――戦争や兵術に関する、あらゆる文献を調べてみたが、「多方を以て誤らしむ」――いろいろの手段で相手を錯誤に陥れるということ以外にない。この一語に尽きるというておる。近頃の世界外交、とくに共産国の政策というものは、世界各国、とくに自由諸国を「多方を以て誤らしむ」のこの四字で貫かれている。――唐の太宗の言葉を以てすれば、あらゆる手段を用いて錯誤に陥れるということに帰着する。これを政治戦、あるいは謀略戦、あるいは革命工作戦という。そういうものに関する書物も無数に出来ております。

さて次にまいりましょう。

政治の要諦――民信なくんば立たず

子貢問政。子曰、足食、足兵、民信之矣。子貢曰、必不得已而去、於斯三者何先。曰去兵。曰必不得已而去、於斯二者何先。曰去食。自古皆有死。民無信不立。（顔淵）

「子貢《しこう》、政を問う。子曰く、食を足らし、兵を足らし、民之《これ》を信にす」――政治の要諦としては、まず国民の生活を安定する。次に国防を十分にする。それから「民之を信にす」――民衆が誠であるようにする。うそでないように、よこしまでないようにする。信実にする。信民にする。誠の民にする。うその民にしない。うそ、偽りを好む民にしない。真を愛し信を好む誠の民にする。この三段階です。子貢という人も『論語』にしばしば出てくる人物で、これもまたお話しすると非常に興味のあることですが、この子貢にせよ、また子游《しゆう》にせよ、子張にせよ、誰にせよ、皆われわれの周辺におる人物――われわれの友人、知己の中によく発見することの出来るような人物で、それだけに興味もあるわけです。だがさようなことは、もう十分おわかりのこととして、しばらく措《お》き、先を読むことにいたします。「子貢曰く、必ず已《や》むを得ずして去らば、斯《こ》の三者に於《おい》て何をか先にせん」――子貢が問うていうには、三つとも揃えることができればこの上ないが、どうもそう完全にはいかない。どれか犠牲にしなくてはならぬということになると、この三者のうちで、どれから先に我慢したものでしょうかと。すると孔子は「曰く、兵を去る」と申された。武力・武備・武装を減らす、去る、退ける。徹底的にいえば、これをなくする。

　これに徹したのがインドのガンディーです。ガンディズムを無抵抗主義と訳するのは大きな誤りであります。むしろ偉大な抵抗主義です。ただ彼らは武力をもって抵抗しない、暴力をもって闘争しない。、武力・暴力の及ばない抵抗を試みる。それは何かといえば、国民が一丸となって、精神・生命のすべてを投げ込んで反対する、闘争する――こういう抵抗であります。これを軽々しく無抵抗主義と訳したのは、大きな誤りであります。ガンディズムは無抵抗主義ではない。彼らは徹底的な抵抗――武力などの及びもつかない抵抗をやる。だからイギリスのあの権威をもってしても何ともならない。彼らはイギリスというものを全然受けつけない。イギリスの法律に服しない、命令もきかない。納税を拒否する、いやすべてを拒否する。そうしてイギリスの恩恵にも与らない、これを受けない。するとインド経済が成り立たないが、それで結構。原始に帰ろうじゃないか。紡績機械は要らぬ、手織りでゆこうじゃないか。われわれの祖先のように、ぎっちょんぎっちょんと手織りでゆこう。インド人はインドで出来たものを食べ、インド人の手で作ったものを着て、それで暮らしてゆこう。一人が捕らえられ投獄されたら、その友だちや、その村民全部が一緒に牢に入ろうじゃないか——これがガンディズムです。そこで、あの日本の敗戦のときも、私はインドのチャンドラ・ボースだの、ラスビハリ・ボースだのと、親しい間柄でしたが、この日本の戦争に呼応して、彼らも蹶起して独立闘争を始めました。戦争の末期にそのチャンドラ・ボースは死にました。ラスビハリ・ボースも死にました。日本とともに戦ったいく人もの革命闘士を、イギリスはだいぶつかまえたのですが、つかまえてもどうすることもできない。彼をつかまえるなら、自分たちみんなをつかまえろ、牢に入れろというわけです。たとえば名古屋の代表的な人物をいく人かつかまえると、名古屋市民が挙って自分たちもつかまえろといって押しかけるようなものです。これではどうにも仕様がない。だからみんな無罪で放免したんです。血の一滴も流さずに、みんな赦されてしまった。日本の戦犯裁判のことを考えてみてもそうです。東京の都民なり、全国の国民なりから、何千何万とやってきて、東条だけが悪いんじゃない、日本人がみんな悪いんだ、だからみんな牢に入れてくれ、絞首刑にするならみんなを絞首刑にしてくれと、今のデモみたいに押しかけたら、これではいかに国際裁判でも、どうにもなりません。これがガンディズムであります。だから兵を去ったところで、やりようはあるんです。

さて続いて子貢が問うには、「曰く、必ず已むを得ずして去らば、斯の二者に於て何をか先にせん」——後に残った二つのもの、すなわち足食と信民のうちで、已むなくんばいずれを去るか——こういう質問です。すると孔子は断乎として「曰く、食を去る」と答えられた。これはまあ平たくいえば、どんな貧乏でもしようということです。絶食ということではないのです。食うや食わずで行こうじゃないか、ということです。「古《いにしえ》より皆死あり、民信なくんば立たず」——これです。「政は正なり」というのと同じことであります。民というものから信がなくなったら——民というものが信民でなくなって、偽民、邪民、奸民になったら、民衆生活というものは成り立たない。商売をしてもインチキ、政治をやってもインチキ、貿易をやってもインチキ、約束をしてもインチキ、結婚をしてもインチキ、などということになったら、われわれの生活は立たんじゃないですか。この頃の結婚には離婚が多い。この間も、どこやら結婚式専門の会場で、過去三ヵ年とか五ヵ年とかの間に結婚した組の離婚を調べたら、三十%を越しているという。ニューヨークでは五十%を越しているところがあるらしい。そうすると、半分以上が離婚しておるということになるわけで、こんな結婚なんかないですね。これは「結」とはいえない。通婚かも知れぬが、結婚じゃない。そうなったら、およそ物事は成り立たない。「民信なくんば立たず」であります。

　これと相通ずるのが次の問答です。

又、何をか加えん

子適衛。冉有僕。子曰庶矣哉。冉有曰、既庶矣。又何加焉。曰富之。曰既富矣。又何加焉。曰教之。（子路）

「子、衛《えい》に適《ゆ》く」――この衛という国がどんな国かということをお話すると面白いんですが省略します。学問というものは厄介なもので、一つ一つ突っつきだすというと、何事によらずきりがありません。「冉有《ぜんゆう》僕たり」――弟子の冉有が御者となって孔子のお伴をした。「子曰く、庶なるかな」――ああ、ずいぶんと人口が増えたね、と孔子がいわれた。そこで問答がつづきます。「冉有曰く、既《すで》に庶なり、又何をか加えん。曰く、之《これ》を富まさん。曰く、既に富めり、何を加えん。曰く、之を教えん」——今の政治には「教える」ということがない。それどころか、教育にも「教える」ということがないのです。今、日本は「既に庶なり」です。庶にすぎるくらい庶です。そこで「之を富まさん」で、だいぶ富んできた。「又何をか加えん」で、「之を教えん」である。この通りです。これからの日本人にとって大切なことは、いかに正しい道を教えるかということです。

ところでいったい、この人間の堕落してゆく共通・通有の機微はどこにあるかというと、それは義か利かというところにある。

利の本は義

子曰、君子喩於義。小人喩於利。（里仁）

「君子は義に喩《さと》り、小人は利に喩る」——義の話を聞いても、なかなかそれをなるほどと喩らない。そんなものといった顔をしておる。だが利の話になると、すぐわかる。これは小人の常だ。小人は利に喩る。だからどうすればお前に利かということを教えてやるのも一つの方法です。彼らが低級な思想で考えておるような利は本当の利じゃない。本当のところは、何が利かということは、何が義かということである。義というものが利の本である。本当の利は義にもとづく。いかにすれば義かという工夫がだんだん積み重ねられると、これを義和という。義の和なりです。たいてい、義和とか和義とかいう名前は皆ここからとっている。『易経』や『左伝』にある言葉であります。本当の利は義の和である。義を重ねてゆくうちに、それが本当の利になる。あるいは義は利の本である。義という根本から育つものが本当の利である。義に反したものは利にして利じゃない。単なる利というものは案外、つごうの悪いものです。それが次に書いてある。

義こそが真の利

子曰、放於利而行多怨。(里仁)

「子曰く、利に放《よ》って行えば怨《うら》み多し」――利というものはみな好ましいことのように思うておるが、案外そうでない。皆が利を取るようになると――皆がどうすれば自分に利かということで事を行うようになると、きっとお互いに怨み合う。必ずや人間の交り、人間の社会生活、人間の事業というものを、壊してしまう。世間ではたいてい、あいつがこんなことをしやがった、利益を独り占めした、俺をすっぽかした、俺を損させた、というようなことで、争っておる。利というものは案外、利じゃない。考えてみると、義こそが真の利なのである。利などというと、いかにも簡単なもののようだけれども、実はまことに複雑なものです。結局それは義に帰するものである。

そういう意味で——近頃の人がよくいうダイナミックな意味で、人間の実際生活というものは非常にむつかしいものだということを示す一節を次に挙げておきました。

矛盾・撞着にみちた人間社会

子曰、可与共学。未可与適道。可与適道。未可与立。可与立。未可与権。(子罕)

「子曰く、与《とも》に共に学ぶべし、未だ与に道を適《ゆ》くべからず。与に道を適くべし、未だ与に立つべからず。与に立つべし、未だ与に権《はか》るべからず」——人間にとって一緒に学ぶことは何でもない。けれども一緒に道を歩こうとすると、これはちょっと厄介です。ある学校、ある場所で一緒に勉強することは何でもないが、さて一緒に道を歩こうと思うと、あそこへゆこう、いや俺はこっちへゆく、その道は好かぬ、つごうが悪い、こっちでなけりゃ俺はやめた、などいって、なかなか道は一緒に歩けるものではない。よほど気の合うもの同士でないと歩けません。一軒の家でテレビ一つ見るにしても、どれを見るかということになると、親父はこれを見ようという。お袋はそんなのはいやだ、こっちを見るという。子どもは子どもで自己を主張する。一緒に仲よくテレビを見るなどということは、なかなかできません。よほど馬鹿にならないとできない――「未だ与に道を適くべからず」です。だがそれはまだやさしい――「与に道を適くべし」である。

ところが「未だ与に立つべからず」――あるところに確立する、ある立場をはっきりとる、これはますますむつかしい。一緒に勉強する、同じように財界あるいは官界に入る。これは与に学び、与に道を適くのだが、与に立つということになると、これはあるところに同じ席を占めて立つ、生活の場を与にするということですから、むつかしい。たとえば、一緒に何々会社の重役になる。あるいは何々官庁の何局の何課に、同じように課長とか補佐とかになって一緒に暮らす。これはむつかしい。またたとえば、男女共学で一緒に勉強し、同じように学生生活を送ってきた。お互いにボーイフレンド、ガールフレンドでやってきた。これは与に学び、与に道を適ったわけだが、結婚して夫婦生活をする、一つの家庭を作るということになると、これはまたむつかしい。「与に道を適くべし、未だ与に立つべからず」である。だから、ボーイフレンドならよいが結婚はいやだとか、ガールフレンドならよいが結婚は別だとかいうておるのは、ちょうど論語のこの言葉を最も低級に理解し、実験しておるということです。これはみんなの生活に共通したことであります。

だがそれもまだやすい。「与に立つべし、未だ与に権《はか》るべからず」と書いてある。この「権」という字は、秤《はかり》の分銅のこと、棹のことは「衡」といいます。そこで権は分銅で棹は衡、合わせて権衡となるが、権衡は要するに物の重さをきちんと定めること、すなわち大事なことをきちんと計り定めることをいう。だから「与に権るべからず」ということは、具体的、実際的に、すなわちダイナミックに処理するということです。たとえば結婚して家をもった。与に立ったわけである。ところが今度はその家庭生活の中で、どうしよう・こうしようという具体的な実際問題が起る。そうなると、お互いの考えることが常に合致するかというに、なかなかそうはいかない。こうしようじゃないかといえば、そりゃあいかんという。ああしなけりゃといえば、それはだめだという。なかなかうまくゆかない。家庭生活でさえそうです。世に夫唱婦随などという。女の方が唱えて、男の方が随《したが》ってゆく例も多いから、これは婦唱夫随でもよいけれど、どちらにせよ、なかなかこの通りにはゆかない。ところがこれが会社となり、官庁となり、政府となり、内閣となると、なかなかもって「与に権るべからず」どころではない。みんなの打ち壊し合いになってしまう。

かように人生というものは、抽象的、論理的に取り扱うことは何でもないが、ダイナミックに、即ち生きた問題として処理するということは非常にむつかしい。人間というものは複雑極まりない。時としては矛盾・撞着にみちたものである。だから、正しい・信ずるということにならなければ、どうにもならない。この頃は資本の自由化で、外国の企業との合同事業——合併事業がずいぶんと増えてきました。そうすると、社長は日本人にするかアメリカ人にするかとか、重役はそれぞれ何人ずつにするかとか、いろいろ協議してやってゆかなければならぬことになる。大変むつかしい。それで悩んでいる人が少なくない。こういうふうに、およそ人間社会というものは非常にむつかしいものである。そこで次にまいりましょう。

堯・舜もなおこれを病めり

子路問君子。子曰修己以敬。曰如斯而已乎。曰修己以安人。曰如斯而已乎。曰修己以安百姓。修己以安百姓、堯舜其猶病諸。(憲問)

「子路《しろ》、君子を問う」——子路という人は面白い人物で、孔子に年が一番近い。弟子のうちの最年長者です。非常に個性の豊かな人でありますが、「子曰く、己れを修めて以て敬す」——敬すとは慎しむである。これはまあ皆さんおわかりのこととしておきましょう。

子路という人は、なかなか忙しい人で、政治家肌のじっとしておれないというタイプの人です。だから孔子はこう答えられたのですが、これは今日の言葉でいえば個人道徳です。子路としてみれば、そんなことでは面白くない。

そこで問い返して「曰く、斯《か》くの如きのみか」――ただそれだけのことですか、というわけです。いかにも子路らしい。すると孔子――この人はだんだんと奥の手を出す人ですが――がいわれるには、「曰く、己れを修めて以て人を安んず」――これは「たみ」を安んずと読んでもよい。どちらでもよろしい。ところで、これもあたりまえのことだ。

そこで子路が「曰く、斯くの如きのみか」とまたやった。そうすると、孔子は一段と進めて「曰く、己れを修めて以て百姓《ひやくしよう》を安んず」と申された。天下の民を安んずるということです。実はずっと昔にさかのぼると、「人」は民のこと、「百姓」は諸大名のことをいうのですが、それが後世、だんだんと、「百姓」といえばただの民や農民を意味するようになり、「人」は一般名称になってしまった。どちらでもよいが、後世の通称の方がわかりやすい。「己れを修めて以て百姓を安んず」――そこで初めて子路先生は、わが意を得たりというわけです。

ところが孔子はさらに畳みかけて、「己れを修めて以て百姓を安んずるは、堯・舜も其れ猶《な》お諸《こ》れを病めり」と申された。お前はそんなことは簡単にできると思うておるが、「己れを修めて以て百姓を安んず」るということは、たださえむつかしい人間の、とてもむつかしい問題で、堯・舜のような聖賢ですら「其れ猶お諸れを病めり」——病気になるくらいに心配したものだ。とてもお前のような慌て者にできることではないぞと、こういうことで子路先生が一本参ったところであります。大変面白い。この頃よく偉そうな、大仰なことをいう者がおりますね。その人間を見ると、もう白とか黒とかじゃない、それこそ話にもならぬ男、いわゆるケチな野郎です。それがまるで世界・人類を救いそうなことをいって演説をやっておる。これなどを見ると、私はよくこの言葉を思い出すのです。

およそ世の中の風俗、民衆の心理というものを変えようと思ったら、よほど偉い人が出てこなくてはならぬ。オルテガやマルセルも同じことを別の言葉でいっているにすぎませんが、孔子にも次のような言葉があります。

人心を変えるには、王者にして三十年

子曰、如有王者、必世而後仁。（子路）

「子曰く、如《も》し王者あらば、必ず世にして後に仁ならん」——王者ともいうべき人があっ

たならば、「必ず世にして後に仁ならん」。この「世」というのは三十年のことですから、三十年かかったら、世の中はまず仁の方向に向かうであろうという意味です。人が人を愛する、人が人を助ける、これが仁でありますが、「必ず世にして後に仁ならん」――ともかく、非常な人材が出ても、そのときの風俗・人心というものを、あるよい方向に向けるには三十年かかる。こういうておられるので、これは大変味わいのある言葉です。況《いわ》んや王者でもないものが、人心を変えようとか、世の中を改めようとか、いわゆる革命とか考えたって、まず成功しない。これがむつかしいところであります。現にその証拠をソ連も中共も出しておる。

ソ連はせっかく革命をやったものの、レーニンの時はまだよかったが、スターリンがその後を継ぎ、たった十七年目であの惨憺たる血の粛清をやったのです。およそ同志という同志を、みんな犠牲にしてしまったのです。大変な殺戮をやったのです。これではどうにもなりません。中共も同じことです。中共研究の専門家でK・S・カロルという人がありま す。これはむしろ中共贔屓《ひいき》の人で、われわれのあまり感服しない人ですが、まあともかく専門家である。この人が発見して指摘したのですが、この中共の毛沢東政権が樹立されてから、奇しくも十七年にして、この文化大革命――紅衛兵騒動がおっぱじまった。これは大内輪もめです。せっかくの革命をひっくりかえし、革命をふいにした仕事です。中共から逃げてきたもの、あるいは中共を徹底的に研究している台湾の要人など、いろいろの人々と私がいくたびか膝を交えて話し合って、ほぼ一致した結論ですが、今や中共は全くの内乱である。何と説明しようが、何と弁護しようが、何と釈明しようが、事実はまさにその通りである。共産党内は、党そのものも、特務機関も、軍も、全くの混乱に陥って、それがもう中国民族社会の内乱と化しておる。歴史的に群雄割拠という姿になってきておる。共産革命というものが、明らかに大きな破綻を暴露しておる。「世にして」の「世」は三十年だが、その半分の十六、七年でこの始末です。

人心とか、社会とかいうものは、なかなか改まらない。王者、つまりよほど正しい、大いなる精神をいだいて、それを体現する指導者でなければ、改めるということはできない。それでも三十年はかかる。それで初めて世の中が変ってくる。日本の明治維新は、そこへゆくと、まあ大成功の方でありますが、この明治維新も、やっぱり日清戦争を経て、どうやら落着いたといってよろしい。それで日露戦争が戦えた。だがその後はだいぶ悪くなりました。疲れが出た。無理がたたった。無理な戦さですから、弛みが出た。そうなると、お互いが嫉視排擠《はいせい》をやる。国民の生活も乱れる。政府もどうにも手がつけられないままに、明治四十一年となった。干支でいうと戊申《ぼしん》という年になる。ところが、われわれでいえば昭和四十三年が戊申、六十年目の戊申です。

その戊申の明治四十一年に、政府は国民生活が荒《すさ》み頽廃して手がつかぬので、陛下にお願いして戊申詔書というものを出していただいた。その中には、

惟《こ》レ信、惟レ義、醇厚《じゅんこう》、俗ヲ成《な》シ、華ヲ去リ、実ニ就《つ》キ、荒怠相誡《いまし》メ、自彊《じきょう》ヤマザルベシ。

というお言葉がありました。これを、学校といわず、官庁といわず、会社といわず、みんな暗誦させたものです。それくらい日露戦争後の戊申の頃には、国民の生活が堕落していたわけです。裏返しにしたら、その時の社会状態がよくわかる。ところで来年（昭和四十三年）は今日の戊申——六十年目の戊申であるが、省みてわが国の状況はどうか。信義は打ち壊されて、醇厚どころではなく、軽薄・俗悪そのものである。華を去り実に就きではない。実を去り華に就き、荒怠極まって自彊ことごとく空しである。この戊申詔書に代るべき大号令を出さなくては、これからは堕落・荒廃のどん底に陥るほかない。「これをどうする？」といって、私は今しきりに政治家たちにも迫っている。だが「如し王者あらば、必ず世にして後に仁ならん」——宇宙は造化である。人生は千変万化する。必ずしも絶望には及ば

ない。そこで次を読みましょう。

ソ連一変せば、チェコに至らん

子曰、斉一変至於魯。魯一変至於道。（雍也）

「子曰く、斉《せい》一変せば魯《ろ》に至らん。魯一変せば道に至らん」――これを解明するには斉や魯の説明をせねばなりません。さもないとよくわからぬのだが、もはや時間がない。『論語』をお読みなさい、書いてありますから。非常に面白いのだが、今ここで、中共一変せば中華に至らん、中華一変せば道に至らん。あるいはまたソ連一変せばチェコに至らん。チェコ一変せば道に至らんといえば、皆さんもおわかりになると思います。世の中は変化してやまないものでありますから、決して絶望することはない。要は真理の実践であります。そこで最後に、『論語』の一番末尾の言葉を引いておきました。

言を知らずんば、以て人を知ること無きなり

子曰、不知命無以為君子也。不知礼無以立也。不知言無以知人也。（終章）

「子曰く、命を知らずんば、以て君子たること無きなり。礼を知らずんば、以て立つこ

と無きなり。言を知らずんば、以て人を知ること無きなり」——「言」というのは、思想・表現といってもよろしい。それから生ずる問題——実際問題を意味するときには、言は言葉ではなくて「言《こと》」（事）である。「言を知らずんば、以て人を知ること無きなり」——これがわからない皆さんではありますまい。まさにしかりということで終ることにいたします。

（昭和四十二年十一月）

人間の生涯と国民の運命

早いもので、当会に来講することも、すでに八回を重ねることになりました。あまり時局のことなどにわたらず、専ら学問・風流を語ることができるならば、どんなに楽しかろうと思うのでありますが、くるたびに、時局は一向によくならない、というよりもますます難局になってきたことは、本当に残念なことであります。私など元来あまり内外の時事を論ずることは好かぬ方でありまして、もっと学問や文芸、信仰や風流というようなことの方にわたりたいのですが、ままにならぬのも運命の一つであります。

時世は簡単に解決しない

このごろ、主として時事問題の会合に呼び出されますと、いつも符節を合するようにみんなが申しますことは、まことに困った世の中になった、何とかならぬものか、どうすればよかろうか——ということであります。もう耳に胼胝《たこ》が出来るほどそれを聞かされます。率直にいって、それが簡単に解決されるならば、こうはならぬのでありまして、こうなるについては、一朝一夕のことではなく、由来するところ深くかつ久しいのであります。だから、容易に解決するであろうはずはありません。私の実感を申しますれば、くるものがきた、ということであり、これに対して答えられることは、各々が各々の分を尽すということ、それが役に立つか立たぬかは神ならぬ身の確かにはわかることでないのであります。各々が分を尽して、それが役に立たねば、それも已《や》むを得ないのであって、換言すれば、斃れて已むということであります。これよりほかに良心的にいって何もありません。これが真実の答えであると、私は信じます。どうしてこうなったかというようなことについては、これはまた論ずれば切りのないことであります。簡単に申せば、師友協会の機関誌でありますます月刊『師と友』、これを本年・昨年・一昨年と遡って、改めてご披見くだされば、もう十分にそれが解るように解明してございます。さように申し上げて誤りではございません。このわれわれの会誌だけでも、今のように連続して見直せば、それに相当明確に解明してあるのであります。これを遺憾なく、諸般の原因にわたって細説しようと思いますと、それこそ、容易でありません。いくら時間をかけても足りない問題であります。複雑広汎な由来・因縁がございます。

私どもの病気一つでもそうでありまして、どうしてこんな病気になったろうかと、患者はよくいいますけれども、簡単な病気一つでも、原因というものを探れば、非常に複雑かつ久しいものがあります。人間に偶然という言葉がございますけれども、自然から申しますと、偶然というものはないのでありまして、当然であり、必然であります。それを解しない人間が、その自然であるところの当然・必然を偶然と感ずるだけです。この意味におきまして、どうしてこういうふうになったかということを探りますと、やはり思いのほか複雑かつ久しいものがあります。そのほんの二、三の点を引き出してみましても、そもそも自然界の理法というものは非常に複雑かつ厳格なものであります。その自然の理法に人間では容易に解釈できない、あるいは把捉できない微妙なエネルギーの作用とでもいうべきものがあります。たとえばわれわれの地球は大気に包まれておりますが、その地球の運動によって、気流というものがある。この大いなるエネルギーの流れが、ある時点に、人間からいうと突然異変を起す。これは人間からいって突然であり、異変であるが、大自然からいうと、何も異ではない。これがあるいは暴風・龍巻というようなさまざまの現象を起すわけです。同じように生物界でもそうでありまして、人間では解らない突然変異が起ります。その中でもとくに生物学者が、生物の集団ヒステリー現象とか大発生などと呼ぶものがあります。これは小説や映画などでご承知の方も多いと思います。

たとえば、蝗《いなご》の大群が発生する。大陸にはよくあることでありますが、大陸の蝗は、日本のような可愛いものではなくて、恐ろしく大きなものであります。この蝗が天日を暗くするということが、たんなる形容詞ではなく、本当に文字通りそんな大群が発生いたします。「飛蝗《ひこう》過ぐる所野に青草なし」――この蝗の大群が一斉に蜂起すると、あっという間に見渡す限り青いものがなくなってしまう。というように食い尽し、汽車でさえ走れなくなる。蝗がレールにたかる。汽車がそれを轢く。轢き潰された蝗の膏《あぶら》で、車輪が空《から》回りして進行が止まる。そんな蝗群――蝗の大群が発生することがあります。日本軍がシナ大陸に雪崩れ込みましたときに、日本軍は「皇軍」と申しましたが、シナ人は新聞・雑誌で虫偏をつけて、「蝗軍」といったということは名高い話であります。ときには小鳥の大群も発生します。あるいは蟻の大群、蜂の大群、鼠の大群、これに関した記録映画を戦後、私も見たことがございますが、シベリアの広野に発生した恐るべき鼠の大群、あの大草原を覆い尽す鼠の大群が一斉に何ものかに追われるかのように、どんどん北に向かって走っている。カメラがその後を追っかけたのであります。結局その行方はわからぬが、そのうちの一群の後を追った記録によりますと、ついに北極の海に没し去ったようであります。

ときには植物界にさえそれがある。わりに新しい事実では、オーストラリアにサボテンの大蔓延が始まったことがありました。だんだん野外から庭園、庭園から家屋の中にまで蔓延してきまして、住民は非常な恐怖に襲われました。政府も乗り出して、必死になってこの対策を講じたけれども、どうにも打つ手がない。そのうちに、ある専門家がサボテンの天敵を発見した。天敵となる菌を発見した。生物界にはよくこの天敵というものがある。人間界にも、苦手という奴がある。あれも一種の天敵です。どうしてもその人の前に出ると工合が悪い。いいたいこともいえなくなるとか、いやだなと思っても、つい納得させられてしまう。というような苦手というものがありますが、その徹底したのが生物界にある。

面白い一例を引きますと、巨大な蜘蛛、すべて蜘蛛には必ず一種の天敵である蜂がおる。その蜂が、ごく小さい奴だそうですが、それがブーンと飛んでくると、その怪物のような蜘蛛が、脚を伸ばして萎縮してしまう。それに蜂が留って針を刺して、卵を生みつける。そうすると蜂の卵は、その蜘蛛の胴体で孵化しまして、それから養分を吸収して、成虫になって飛んでいってしまう。そうすると、その巨大な蜘蛛はカラカラになって、いわゆる残骸になってしまう。そういう天敵というものがある。それをやっとサボテンに見つけて、それを大量に放ちましたところが、はじめてサボテンがどんどん退却して、また元の状態に返ったということもある。こういう現象の起る原因は、まだよく解らぬのです。よほど、その由来するところ久しくかつ複雑なものがあるらしい。われわれが始終経験することでは、例えば山火事です。旅人があるいは山の樵夫などが捨てたタバコの一片の吸殻、こんなもので火をつけようと思ってもとてもできないのでありますが、それがどうした工合か、大きな山火事の原因になる。というようなことです。これも決して簡単な原因ではないのです。非常に複雑な原因が集まって、そうして何かの拍子にそれが発動して、大きな現象になるわけです。

こういう現象は、植物界より、動物界でも高等動物になるほど、その原因・由来が複雑であり、また微妙なことになる。これが人間世界になりますと、さらに微妙・不可解であります。そこでこのごろの時局・時勢というものも、どうしてこうなったのかといえば、とても複雑な、微妙な問題であって、決して簡単に解けるものではないのでありまして、原因らしいものを探ると、限りなくあるわけであります。

人間に大切な根本原理——文明と文迷

その意味で人間が常に純真であるということが非常に大切な生の原理、人間生の原理であり、したがって道徳の原理であります。どんなに事情が複雑になっても、人間が純真であればこれを統一解釈することができる。これに反して雑駁になると、文字通り始末がわるい。純真は別に「精一」ともいえます。中庸に「惟《こ》れ精、惟れ一、允《まこと》に其の中を執《と》れ」という説があります。人間はこの精一ということ——もっと要約すれば、「一」ともいえます——一を得ることが大切です。それは生の、造化の、根原に帰ることです。そういうことは哲学に入りますから、別にいたしましょう。とにかく問題は複雑でありますから、人間が迷うと「複雑怪奇」になります。気づかぬ原因や触媒から思わざるいろんな結果、反動が起こってくると知らなければなりません。そのとくに著しい原因と思われるものを申しますと、近来、人間の生活があまりにも大衆化してきたということです。これに関しては、このごろ専門の研究・論説が沢山できておりまして、今日、社会問題・文明問題の最たるものの一つであります。その代表的なものは都会の問題です。

都市文明の禍と救

今や単一都市というものはしだいになくなりまして、メガロポリス（megalopolis）という言葉が世界的にはやって、日本でもだいぶ使われるようになってきております。皆さんが注意して雑誌や新聞をご覧になっておりますと、必ず目にとまるはずです。爆弾のメガトンで皆さんご周知の言葉になりました、あのメガのつくメガロポリスであります。それは、都市が膨張してだんだん都市と都市とがつながってゆく連続都市のことです。皆さん飛行機に乗って旅をされて、下をご覧になると、もう日本は、東京から瀬戸内海岸、九州までずっと都市が続いています。これをメガロポリスといいます。そのうちに国を挙げて一大メガロポリスになるだろう、大陸そのものもメガロポリスになるだろう、といわれています。これをエキュメノポリス（ecumenopolis）といいます。エキュメニック（ecumenic）というのは、普遍的とか世界的という意味です。未来学というものがこのごろはやります。二十世紀末、あるいは二十一世紀のヴィジョンなどという時に、皆このメガロポリスというものもやはり大きな問題になってまいりまして、ほとんど日本国民の八十％は、この大都市に集中するだろう、そしてこれを結ぶ高速道路や新幹線のようなものが縦横に出来て、それを通じて皆都会へ都会へと集まってくることが予想され、いろいろとこれに即する問題の研究が今盛んに行われておりますが、この都会の大衆がますます集団化し大量化してきますと、人間に異変が起るということは明瞭で、それはすでに始まっており、今後も明瞭に想像することが出来る。それは動物――鼠だとか、兎だとか、いろいろのものを使って、もう相当に研究・解明されておるのです。

たとえば、ある動物学者がノルウェー鼠――非常に繁殖の速い、実験に便利なこのノルウェー鼠――を使って実験した例がありますが、鼠というものは、われわれの常識と違って、あれで案外規律正しい一種の社会生活をやっておる。この鼠が集団生活をするのには、自ずから数の制限がある。その定数を超える集団生活をさせますと、鼠の社会にたちまち混乱が起る。ある種の雄鼠どもは、みるみる凶暴になり、むやみやたらに他に噛みつき、闘争を始める。それから雌鼠に対して従来の規律を破って乱交を始める。雌鼠は人間の女性と同じことで、やっぱりきれい好きだそうであります。ところがそうなるとこれも汚くなり、巣の整頓などうっちゃらかして怠け者になる。子どもの面倒もあまり見なくなる。だらしがなくなる。したがって子鼠の病気をしたり、死んだりすることが多くなる。それからやっぱり鼠の中にフーテンやヒッピーのような奴が出てくる。凶暴な鼠に辟易して、昼間は小さくなっており、その凶暴な連中が静まった頃、ゴソゴソと這い出して、外に出て何やらウロウロしておるというような現象を生ずる。これはJ・カルフーンという動物生態学者の実験報告ですが、これは鼠のことか、人間のことか、途中でおかしくなるぐらいによく似ています。同じことが兎でも鹿でも、いろいろ実験されている。今、この現象が、メガロポリス、つまり大都市の集団生活帯にそのまま現れておるわけです。それからその鼠どもを解剖してみると、ほとんど漏れなく肝臓・腎臓・副腎などを痛めているそうです。したがって大量集団生活をやる都市の人間大衆がどうなってゆくかは恐ろしいことで、真剣・賢明にその対策に努力せねばなりません。つまり社会的原因——人間の生活がある数量以上の集団生活になると、動物界にも共通の病的現象が現れるということは、今のところでは防ぎようがない有様であるわけです。

そこで、いかにして、都市と、それによる大衆の生活、その崩壊を防ぐかということについて、いろいろの研究提唱がすでに出来てはおります。一例を挙げますと、まだ日本ではあまり紹介されていませんので、専門家でないとよく知りませんが、プロクシミックス（proximics）という学問がすでにある。プロクシミックスは何と訳しますか、人間の隣保組織です。善い隣人組織を作るという「善隣学」とでも申しますか。善い隣人組織——隣保組織——隣り組社会を作る必要がある。しかしこれがまた戦時中研究ずみの厄介な問題であります。それはしばらく措いて、人間にはどうしてもあるスペース、空間というものが必要です。われわれが生活するのにどうしても必要な空間・余裕——こういう環境をバイオトープ（biotope）といいます。これはみなさんがちょっと考えればわかることでありまして、たとえばお互いに家を成すのに、どうしても主人には書斎というものが要ります。家族といえども、それから煩わされない主人公の絶対の空間——バイオトープが要るのです。私どもがいつも家族と一緒になって飲んだり食ったり、テレビを見たり雑談をしたりなどしていたら、この亭主——主人公は、すぐにだめになります。そういう人は、極めて通俗・低級な人間になってしまいます。と同様に、やっぱり妻は奥さんでありまして、奥さんという言葉がまことに当っている。奥さん、つまり奥の部屋が一つ要るのです。朝から台所を這い回って、そしてむだ話ばかりしている奥さんは、奥さんではないわけで、どうしても堕落します。やっぱり奥さんの絶対のバイオトープが必要です。子供もある年齢になれば、やはり子供部屋というものを与えてやる。

とくに何か精神生活・人格生活をもつ者には、どうしても周囲から乱されない「斎」というものが必要です。書斎の斎の字は、そういう意味をもっている。だから「ものいみ」を斎、即ち穢れを去ってわれわれが誠になり、そこから発するところの神秘な力、霊の力に交わるということを「斎する」といいます。その「斎」が必要です。それを書物にくっつけると、書斎ということになる。心にくっつけると心斎という。大阪の心斎橋を通ると、よい名前をつけた、誰がいったいつけたのかと感心するのでありますが、われわれには常に書斎・心斎・潔斎、その斎室・書斎が必要であります。というふうに、人間にはどうしても、たんなる動物でさえもっているもの、それが必要なのです。それがだんだんなくなってきている。

人生と無意味——暴れる若者

それから、また近代文明というものが恐ろしく人間を機械化してきた。人間からしだいに、人間不在とか疎外とか申しまして、人間味をなくしてきた。人間の機械化・組織化ということは、もう皆さんの耳に胼胝《たこ》のできるほどはいっている。また、みなさんの眼にも新聞・雑誌・書物等を通じて映っている言葉でありましょう。これは人間から人間味というものをなくしてしまうのですから、人間を機械化する、分子化する、いわゆるアトマイズ（atomize）する、人間をアトム即ち原子にしてしまうものです。ところが、人間は単に人体である以上に必ず心というものを、心性とか霊性とかいうものをもっているのですから、これが無視される、抹殺されるということには、非常な反動があるわけです。今の純真な青年たちが非常に凶暴になったり、あるいはヒッピー、フーテンというだらしないものになるというのは、あまりにも世の中から人間らしい意味がなくなってしまったということが、一番の原因であるとあらゆる評論家がいうております。

日常生活も実につまらなくなってきた。こせこせと何かしているのだけれども、それが意味のない、きまりきった機械的、末梢的な仕事だ。そういうことを、ビート族はルーティーン（routine）といいます。このごろヨーロッパ・アメリカで最も普及している一つの言葉です。これをイズム化しまして、ルーティーニズム（routinism）といっております。あのビートルズとか、実存主義者などと称するものの一つの用語になっている。ロンドンの劇場で非常にはやった劇に、「ルック・バック・イン・アンガー」（Look Back in Anger）――「怒りをこめて振り返れ」「思えば腹が立つ」（J・オズボーン作）という劇があります。これは一人の若い主人公がある日曜、家の中でごろごろしておったが、退屈からむしゃくしゃして、女房や友達をつかまえて現代の生活をむちゃくちゃに罵倒する。要するに、すべてがルーティーンである。つまり意味がない。成っていないという憤懣をぶちまけるのです。ロンドンのローヤル・コート劇場にこれがかかりまして、その劇を観ると、だんだん引き込まれて、幕が下りて、ぞろぞろ観衆が帰る頃になると、その観衆がみんな何とも彼んともいえない苛立たしさに引き込まれて、そのへんにあるものを投げつけたり、蹴飛ばすというような気持になるんだそうです。それで、この芝居が続演また続演で、大変流行したそうで、こういうことがすべて複雑に総合して世相になるのです。そういうことを挙げてくれば、数限りなくあります。このオズボーンは最近大変に反省思索して、現代のカーライルと称されておるようです。

専門の学者の中にも——これはごく最近日本の思想界にも、ちらほら現れてきましたが——オーストリアのウィーン大学の医学の大家であるフランクル(Frankl)という人があります。この人が有名なのは、アウシュヴィッツの強制収容所の体験者としてです。ナチスがユダヤ人の虐殺をやり、とくにポーランドのアウシュヴィッツにあったユダヤ人収容所で、毒ガスの実験にユダヤ人たちを供した無残な非人道的行為を、ソ連を初めとしてナチスをやっつけるためにそれを取り上げ、とくに戦後大いに宣伝いたしましたが——ソ連自身もこれに劣らぬ残酷なことをポーランドの軍人にやっているのですが、まあ、さようなことは、しばらく措きまして——そのアウシュヴィッツの収容所で、奇蹟的に生き残った。その人がフランクル教授です。この人が非常にできた人でありますが、その後ウィーンの病院で、専門の医療に従事し、また、その間にいろいろ心理学・精神病理学など専門の研究を発表しておりますが、その中で彼は、人間にはいろいろの欲求・意志というものがある。生きんとする意志をショーペンハウエルも説いて有名であるが、その人間意志には食欲・性欲、あるいは自己を拡大しようとする名誉権勢の欲、いろいろあるが、その中でほとんどの人が気づかない、しかし人間として最も本質的な意志というものがある。それは、「意味（意義）への意志」だといっています。

われわれは何のために生きているんだ——何のために食ったり働いたりしているんだということを考える。「意味がない」——これはよく使う言葉ですね。「そんなことをいったって意味がない」とか、「こんなことをしておって何の意味があるか」というその意味です。生の意味というものを求める。この人間の意志・意欲というものは確かに本質的なものである。それが近代文明、特に近代社会生活、都市生活というものになってくると、まったく無視されてしまう。生の無意味——ルーティーン化ということは、根本的な生の喪失です。これに伴う、あるいはこれに対する反発というものは、非常に深刻だ。要するにビートルズというものも、ヒッピーというものも、フーテンというものも、いわゆる怒れる若者ども（angry young men）というものの最も本質的な原因は、この生活——生活の中には大学ばかりでなく、学校から職業からすべてが入るわけですが——そのすべてが、人間から意味（意義）というものへの意志を蹂躙する、無視する、抹殺する、これから起る反撥でである。つまり集団ヒステリー現象である、という説明もできるわけです。

己を省み、分を尽すこと

このようにちょっと分析しても、限りなく原因・由来がある。どうしてこうなったんだろうかというけれども、それはこうだよと、答えるには実に限りなく複雑・深刻なものであるとともに、考え方によっては、大きな一つの体系的学問にもなる問題でありまして、とても簡単に取り扱えるものではない。したがってそれの対策もそう簡単にあるわけではない。そう簡単に対策があるのなら、このような現実にはならんはずであります。対策がないのではない。対策はいくらでもある。いくらでもあるが、簡単に取り上げたり、あるいは抽象的に、ただ論理的にいうのではこれは対策にはならぬ。要するにむだ話になってしまうのでありまして、実際に有効な即ち意義のある対策となりますと、たった一つ、この時代、この環境、この現在に生きるわれわれが、われわれの自覚と責任を尽すということよりほかにない。抽象的に、架空に、無責任に、いくら対策を論じてみても、それは暇つぶし、むだ話に終るだけであります。

それでは何にもならぬ。これをいい換えれば、われわれがいかに微力なりといえども、われわれ自身が一燈――一つのともしび――となって、われわれが生きているわれわれのバイオトープ、われわれのプロクシミクスを、即ち環境――一隅を照らす以外にない。たとえば、せめて自分は自分の書斎だけでも神聖に保つ、自分の家庭だけでも立派にする、自分の職場だけでも立派にするという「一隅を照らす」よりほかにない。もし一家の主人公が本当に書斎生活というものをもって、その書斎では端然として学問なり、創作なり、芸術なり、何なりに取り組んでいる、真剣に自分に打ち込んでいる、という生活があれば、よほど悪い女房でない限り、妻君にはその亭主に対する敬意が自ずから生ずる。子供や孫は、それを見ると、大人より以上に感化を受ける、影響を受ける。だから必ず家庭はよくなる。怒鳴りつけたり、殴ったりするよりも、この方がよほど有効であります。

もし一国の政治を支配する内閣が、宰相が、また政党が、政党員が、真剣に、賢明に、廉潔に、そして果断に、その責任を、その使命を尽しますならば、世の中はみるみるよくなる。分を尽すといえば、あるいは一燈を以て一隅を照らすといえば、そんなことで追いつかんと思うかも知れませんが、それは誤解・浅解でありまして、そうではないのです。一燈が一万人集まれば万燈になる。万燈の光というものは、いわゆる遍照――遍く照らすわけであります。数ばかりでなく、場というもの、地位というものによっては、この光は、非常に遥かなところまで及ぶのですから、これは、一国を、一世界を照破することにもなる。これよりほかに内容のある返答はできません。これは、お互いが十分考えてみなければならぬことです。明日の世界、明日の日本ということを真剣に考えれば考えるほど、あらゆる職場にいるわれわれが、これに心眼を開かなければならぬ。これに覚悟を新たにしなければならぬ。この覚悟があって、この見識・信念があって、はじめて時勢を論ずるに足る。

このわれわれの、そういう内省の生活、つまり内面的生活に入って、形よりも内なる道に、あるいは生そのものに心眼を開きまするならば、国家というもののあらゆる問題も、個人の問題と同じように解明できるものであります。

国家興亡の哲学——歴史哲学というものをやってきますと、これは全く人間哲学であります。あるいは、人生哲学と申してよろしい。われわれの道徳というもの、国家の政治というものも、この意味においては、一貫したものであります。これを極めて表面的、現象的に見ますと、政治は政治、道徳は道徳、経済は経済、とみな違いますけれども、それは形に現れた相違でありまして、その内面に入れば入るほど、同じものの現れ、反映であります。形は兄・弟・姉・妹・いとこ・はとこと変っていても、同じ遺伝現象であるのと同じことであります。したがって局面が複雑化すればするほど、外面的よりは、内面的に考察するということが、われわれの忘れてはならない一つの覚悟と申しますか、原理と申しますか、重大な意味をもっているのであります。

今日、どうしてこんなにこの国が危いのかという問題も、表面にとらわれ、現象・形式にとらわれて議論すれば、際限なく紛糾するだけで解決はできません。一方において、ソ連や中共の脅威とか、共産主義者の闘争とか、何とか彼んとか、喧々囂々《けんけんごうごう》としている。すると、一方では、そんなことは放っておいていい、成り行きに任せておけば、何とかかたづくよ。今に地球なんていうものは統一されてしまう。そんな国家的、国際的問題じゃなくって、もう全地球的――グローバル（global）な時代である、コズミック（cosmic）な時代になってきておる。もうおそらく三十年もたたぬうちに、今でもすでに超音速飛行が可能になっているが、音速どころじゃない、光速のロケットができるだろう。つまりカチッという一秒間に三十万キロ――七万六千里走るというのも夢ではないのだ。これは確かに実現可能だ。そうなったら、ヨーロッパもアジアもヘチマもあるか。世界は一つになる、世界連邦が否でも応でもできるんだ、というふうに多寡をくって、それこそ大束を決めこんで洒々落々としているような人もある。このように独りよがりな、あるいは一面的見地で議論していたのでは解決する道はない。それを少し内に立ち入って考えるというと、それこそ、ぐるっと変ってまいります。

たとえば、前にいったようにこの都市の膨張——人間の過密化、そこに行われる驚くべき機械化・技術化というものを見ていると、楽観派とはぜんぜん別な問題に気づくでしょう。そういう驚くべきグローバル時代、コズミック時代には人間はなくなっているかも知れぬ、あるいは変質しているかも知れぬ。という逆なことにもなるわけであります。人間のからだ自体でもそうでありまして、これもこの前申したかと思いますが、たとえば、朝、飛行機に乗って北極圏を回って、今度は地中海へ出て、それからアフリカからインドを回って十日で帰ってきた。今朝発って一時間もしたら、琉球、台湾、やがてベトナム、インドネシアへ入って、五日間で帰ってきた、なんていうことをみなやっている。その便利なことを誇れば、まことに天下泰平でありますが、すでに生理学者などは、これに対していろいろ医学的研究をして、大いなる疑問と警告を発している。

人間のからだは、複雑微妙な調節機能から成り立っている。卑近なことをいえば、われわれは今、寒ければ暖房、暑ければ冷房で、これが偉い文明生活だと思っているが、人間のからだ自体が、実にそういう暖冷房と比べもつかぬ微妙な、よくできた暖冷房装置だ。

夏には、からだが冷房になっている。冬は、からだが暖房になっている。ところが、それをこういう暖冷房装置を無思慮に使っていると、しだいに自分自身の暖冷房と合わなくなって、自分の暖冷房装置が狂ってくる。身体が変調を呈する。東京を発って瞬時にして熱帯へ行った。からだは向こうへ行っているけれども、からだの機能そのものは、東京的なのです。

そして、人間の生活は、明らかにいろいろの科学で実験ずみであるが、なるべく住みなれた土地にできる季節のものを飲食するということが一番正しい。その極めて簡単な証拠であるが、あんまり〝走り物〟というものを好んで、季節を無視して、茄子だ、胡瓜だ、西瓜だ、といろんなものを正月早々から食べるなんていうことをやっていると、まず痛むのは肝臓であり、腎臓である。ということは、もう病院でいやというほど実験している。いわんや、文明生活と思って喜んで、経度も緯度も無視して飛び歩いていると、一体どうなるか。この文明人、しかもその文明のエリートクラスであるほど、そういうことをやるが、ぼつぼつこのごろは市民階級・農民階級まで生活が贅沢になって、田舎のじいさん、ばあさんまでがちょっと香港へ行ってくるとか、ハワイへ行ってくるとかいうふうになってきた。こうなると、国民を挙げて人間のからだそのものがどういうふうになるかわからぬ。

コンピューターが発達した。このごろ時々あることですが、上役が「これこれをちょっと調査してくれ」というと、その下役は平気で「今日は機械に故障がありましてだめです」というのです。「機械がだめなら、お前の頭の機械でやればいいじゃないか」というと、きょとんとしている。つまり、考えるという能力を失ってくる。考えるなどということは、コンピューターがやるものだということになってきている。そうすると、お前らはいったい何者かということになります。それは存在の破滅ですね。

今の大学問題に関することですが、あんまり読み物・見る物が発達いたしまして、学生にしても、字引・参考書・解説書なんていうもの、そういうものを読みさえすれば、みな説明してある。学校では先生が親切丁寧に講釈してくれる。考える必要ということがなくなるわけです。テレビや映画を見ていればよいということになる。そうなると、だんだんと人間は本質的な能力を失ってくる。そうすると、人間の本質の反撥があるわけですね。ですから、大学と称する最も知性に富み、最も理性に服すべきはずの、いわば民族の一番純真な、一番洗練された教養の代表であるべき大学生が、一番下劣・乱暴・無思慮な騒ぎをやるという現象もそこから起ってくるわけです。

だから、文明の謳歌などというもの、二十一世紀のヴィジョンなんていうものは、これはヴィジョンであって、そんなものは決して人間としては手放しで安心ができない。ヴィジョンはイリュージョンになる。やっぱりこうなればなるほど、今度は、人間とは何ぞや、という問題に帰ってこなければならない。そして、いかにして人間が人間らしい生活を送るかを考えて、その人間らしい生活の中から本当の人間らしい文明を作りあげるということにならぬと、人間の滅亡になることは、明瞭なことであります。

亡ぶか、興るかの目処《めど》

そこで、われわれ人間及び人間の生涯について、大きくいって次のような問題があるということを、皆さんお考えになったことがあるかどうか。今日はとても詳しくお話する時間がなくなりましたので、ただ提示するに留めますが、たとえば、こういう国家の現象も、これは人間の現象である。国家の問題も内面的に考えれば、すぐ解決がつくということは、国家の現象も人間の現象としてとらえるということです。今の国家生活・国民生活の問題も同じことでありますが、その中で、人間に通じた、つまり練達の士・先覚の士が、即ち人間あるいは歴史の興亡の理に明るい人が指摘している言葉の中に、「国の四患」（荀悦申鑑）

というものがある。

それは国が広いとか狭いとか、人口が多いとか少ないとか、物産がどうだ貿易がどうだ、ということではなくて、その国家の生活、即ち国政というものが、どれだけ真実であるか。反対をいえば、うそ（偽）ではないか。うそ（偽）が横行していないか、あるいはどれだけ公《おおやけ》に行われているかどうか。国民生活、政治というものが、どれだけ公正に行われているか。あるいは私利私欲になっているか。この人間世界というものは、自然と同じように法の支配である。rule of law である。したがってこれにもとづいて rule by law 法律の支配がある。その法制・法律・法令というものが、どれだけ正しく行われているか。あるいはそうでなくて、わがまま、無法――無軌道という意味の「放」になっているか。「法」がなくなって「放」になっていないか。人間というものは、素朴・剛健でなければ、生命は育たない。人間に一番いけないのは、奢《おごり》というものである。これは引き締めなければならない。これを節・倹という。それを考えた方が外的条件をずらりと並べて、資源がどうだ、貿易がどうだ、外貨がどうだこうだ、と議論しているよりも、ずっと早くその国家、その国政、現在における国民生活の状態がはっきりわかる。真―偽、公―私、法―放、倹―奢。その偽、私、放、奢は一つだけでも国家の病気である。国民の病気である。四つ揃えば、四患といって、国亡びざるはないといわれている。これは『師と友』にもしばしば引用してある言葉であります。

やはりこういうふうに生命の内より、即ち内なる真理に従って、われわれが外の生活を整えなくてはならない。

人生の五計

われわれの人生そのものについてもそうであります。これに関して、あまり世間では知られていないが、私の非常に好きで、忘れられない人物で、宋の時代の朱新仲という人があるのですが、みなさんは宋末の岳飛《がくひ》や文天祥《ぶんてんしょう》という人のことを、いろいろの歴史の記事や文芸や劇で、あるいは詩文等でご承知でありましょうが、その同時代の人であります。そのころ政権を握って悪政をやって、長く歴史に汚名を残しておりますのが、名高い秦桧《しんかい》という宰相であります。国を売った人物でありますが、この宰相秦桧に睨まれて、どうしても彼に迎合しないものですから、憎まれて、広東の僻地に流され、十九年の間、謫居生活を余儀なくされた人であります。たいていは、そういう流謫の生活にあうと、その人を暗くして悲劇的にするのでありますが、この朱新仲という人は、その謫居生活に悠々として少しも迫らぬばかりでなく、その十九年の間に、おおよそ風光のすぐれた土地・名山・大川というものを楽しみ、山水に逍遥して瞑想し、詩歌・風流を楽しんで、いわゆる逍遥自適して終った人であります。

この人が、人間に五つの計《はかりごと》がある――人生に五計あり、ということをいっている。一つは生計――これは俗にいう生計・暮しなどいう経済問題ではなくて、いかに生きるか、我いかに生くべきかという養生法の問題であります。これだけでも大変なことでありますす。むつかしくいえば、あらゆる生理学・医学・衛生学等の問題です。

それから、その次は身計――一身をいかに処するか、ということ、職業生活・社会生活であります。それは身の振り方・身の立て方という意味です。

そして、ある年になると、妻を迎え、夫を迎えて家をもつ。身計の社会生活に対して、こちらは家庭生活です。之を家計という。

そのうち否応なく年をとる、これを老計という。人間はいかに年をとるか、これは実にデリケートな問題です。若いうちはわからぬが、年をとるにしたがって、これは最も直接・深刻な問題であります。少しこれがわかると実に幸福です。私がいつもよく羨まれるのですが、数え年でいうと、すでに七十一でありますが、私を老衰したなどという者は一人もいない、というよりは、どうして先生はそんなに元気ですか、とよくいわれる。どうして元気ですかなどというのは、ある意味で愚問であり、ある意味では好問であります。これはしかし、いささか老計に通ずれば誰でもできることであります。別に秘訣なんて取り立てていう必要のないものです。老学というても、老計学というてもよい。

人間は楽にすることが一番よい生きる方法だと思ったら、大間違いであります。たとえば、老衰は一番先に足にくる。足がよたよたしてくる頃には、必ず頭がぼけてくるものです。頭と足は、一対のものです。その頭などというものは――この前にもいうたかも知れませんが――どれだけ使っても悪くならない。頭が悪くなるというのは、からだのどこかが悪いのです。その影響で頭が悪くなるのであります。頭は使えば使うほどよくなるということです。俗人、一般人は、十三%ぐらいしか自分の頭を使っておらないということです。一番もったいない遊休施設だと、生理学者がみないうている。それぐらいせっかくの頭を使わない。使わないから、これはぼけるはずです。ひどいのになると、三十ぐらいからぼけ始めているいわゆる若朽が沢山いる。このごろの大学生などは、大学の時代からもうぼけている。頭を使わぬからだ。それから頭というのは、むつかしい問題と取り組むほどよくなる。安易な問題だけ扱っていたら、頭は馬鹿になる。だから苦労して学ばなければ、頭はよくなりません。そういうことはいわゆる老計の中に入ってくる。それだけでもなかなか面白い学問であります。

それから第五番目は死計です。いかに死するかという問題です。放っておいたって死ぬさ、というのは学問じゃない。どう死ぬかということは換言すれば永生の問題であり、大変な学問です。大変な修行であります。

この人生五計というのは実に面白いことでありまして、私は暇でもできたら、『五計学』などというものでも書いてみたいと思うのです。それこそ深遠博大な書物ができましょうね。まあ、そういう面白いプランを山ほどもっておるのですが、それを達成しようと思うと、百年くらいでは少ない。それはどうもできそうにないので、結局何もせずに死ぬことだろうと思いますが、こういうことは人間の学問として面白いですね。

こういう学問とまではゆかなくても、国家の問題にしても、人間の問題にしても、そういうことが解るように、内面的な道に就いて生活を営むように、少年を、青年を、国民を、導くようにならなければ、この文明は救われない。つまり、あの全学連のいうような革命は、何遍やったって悪くなるばかりで、よくならぬのであります。本当の革命というものは、精神革命であり、人間革命である。それでなければ、とてもよくなりません。それを政府にも望みたい、政党にも望みたい、大学にも望みたい。がそんなことをいっていても仕方がないので、結局お互い、自分自身が、分に応じてこれをやるという以外に、現代の救いようがない。それが間に合わぬときは、これは倒れて已《や》むでありまして、仕方がないですね。国を挙げて、民族を挙げて滅亡するのです。しかし、あの微妙な花粉でさえ、太平洋を越えて外国にまでも定着する、あるいは本土にも千年二千年と花粉は生きて、地層を成している。種子というものは強いもので、この間、千年も古い蓮の種子が立派な花を咲かせた事実が報道されておりました。道というもの、心というものは、現象的に一時滅しても、これは必ず時あれば芽をふき、花を開き、実を生《な》らせるのでありまして、いわゆる後世に期するところあって、一時的に滅びることは已むを得ない。

日本はこの後どうなるか、一応相当の混乱は免れないと思います。その混乱を通じて、日本がまた維新されて、健やかに伸びてゆくか、ある期間、暗黒時代を経過して、再び曙光を開くようになるか、これはわからない問題であります。わかることは、とにかく人々が分を尽すということです。それは非常に大きな問題でありまして、綿々としてお話しておれば、切りのないことであります。余情を残してお別れしましょう。(昭和四十三年十一月)

日本は救わるるか

―政治と教学―

久敬、久熟、久視

承りまするとこの大会はこれですでに十三回になるそうであります。久しいということは大変に意義のあることでございまして、『論語』に晏平仲《あんぺいちゅう》――晏子という斉の大宰相を礼讃いたしまして「晏平仲善《よ》く人と交る。久しくして人之《これ》を敬す」（人の字が無い本もあります）といっていますが、この「久敬」という言葉は中国はもちろん日本でも昔から使われてきた熟語の一つです。私どもは初めはその人に興味をもったり敬意をいだいていたりしてもしばらくすると嫌気がさすこともあるもので、久しうする――時を閲するほどいよいよ敬意をいだかしめられるということはよほどのことであります。年期を入れる、久しうする、ということは、いろいろの意味で大事なことであります。

「久敬」に通う言葉に「久熟」という言葉がある。物を煮る——割烹でも、じっくりと時間をかけて煮込んだというものの味はとうてい速成、即席のものの及ぶところでありません。中国料理に有名なお粥があります。このお粥は向こうの料理の中でとくに大事なものであり、また、優れたものでありまして、少し凝った人、よいコックをもっている人はこの粥の料理には一番念を入れる。念入りに作られた本格の粥は実によいもので、これを食べると、本当に五臓六腑が養われる気がいたします。このような本当のお粥は中国料理の一つの哲学をもったものといっていいくらいで、これなどは「久熟」の代表的なものといっていいでしょう。本日のこのような会合なども、何か刺戟的な課題を掲げ、貼り紙をし、ビラを配り、大勢の聴衆を集めまして、景気よく演説会を開くなどということは、やろうと思えば誰でもいつでも出来ることですが、本会のような真面目な会合を毎年毎年、年を重ねて久しうするということはいうべくしてなかなかに出来難いことであります。しかもただやるのではなくて、回を重ねるほどに熱心な同人が集まられ、敬虔な会合をされるということはお世辞でなくて、本当に尊いことと申さねばなりません。人間の学問、芸術あるいは人格等のすべてがそうですが、久熟のものあるいは久敬の出来るということは、大変に貴重なことであります。また、この会のように十年、二十年と続くということは、それだけいよいよ本物になり、意義が深くなるのでありまして、年期を入れるということは確かによいことであり、尊いことであります。われわれの物の見方、考え方にしましても同様でありまして、これに思考の三原則といってよいことがあります。

この三原則についてはいつかここでお話したことでしょうから、ご記憶の方もあろうかと思いますが、その第一原則は目先にとらわれず、出来るだけ長い眼で見る――「久視」するということです。この「久視」という言葉は老荘、道家、道教の常用するところで、この「視」は「見る」であると同時に「考える」ということです。久しく見、久しく考え、久しく経験を積むということは、目先で考えるのとまるで違うことであります。第二の原則は久視する間に能《あた》う限り「多面的」に、しかも出来れば「全面的」に見るということ――いわば達観することですが、これがまたなかなかにむつかしくとかく人間は一面にとらわれ勝ちであります。第三の原則は枝葉末節にとらわれないで、出来るだけ根本的に観察し考察するということです。目先にとらわれ一面に限って見る、あるいは枝葉末節にわたるというのと、長い眼で見る、多面的、全面的に考える、あるいは根本的に深く見るというのとでは往々にしてまったく反対の結論が出る。それほどに違うものであります。したがいまして私はこうしてお話をします時は、一時の時局談とか、一場の講演とかいうようなものでなく、ただ今の思考の三原則にもとづいたお話をするよう心掛けてまいりましたが、本日も時間の許す限りあれこれ意義のあるお話を申し上げたいと思うのであります。

古典と現代

今日はマスコミの時代といわれていますが、日本にはマスコミの種類は実に豊富で、多すぎるくらいであります。したがって皆さんも時局についてはずいぶんと多方面にわたって豊富な知識、情報をおもちと思いますが、そうした豊かな知識、情報も、その日その日に漫然と受け取っておりますと、雑駁に陥りかねません。多方面に豊富である間はいいのですが、これを繰り返していますと、多方面が雑駁になってしまってほとんど意義をなさぬことになります。そこで、時局について少し長い眼で見、深く考え、根本的に反省、考察してみますと、人間界の現象には新奇なものというのは少ないものであります。そもそも人間というものがそう新しいものではないので、新人などとよくいいますが、新人もよくよくこれを見れば、相も変わらぬ人間です。いうことも、考えることも、一向に変らない、同じような人間です。それで、歴史を弘く渉猟し、また古今の典籍などを繙いてみますと、今日の時局問題はすでにことごとく存しているといってよい。また、名論、卓説というものも、そのほとんどが典籍、文献――この文献の献は賢者の賢に通じ、しっかりとした経験、人物を意味しますが――のどこかに必ず出ています。枝葉にとらわれますと、何だか新奇に見えるのですが、本当の意味で新しいことは一つもないといって過言でありません。そうした意味では新しがるということは、まあ軽薄ということの代名詞といってよいわけです。それにしましても、さすがに人間でありまして、何千年の間にいろいろの経験を積み、その中から間違いのない指針、信念、批判を文献の中に残してくれておりまして、頭が下る思いがいたします。

私はこの夏、多忙の中を文字通り寝食を減じて朱子の伝記を起草しましたが、沢山の文献を渉猟しながら私は、朱子の時代が今の時代と根本的、本質的にかくも相通ずるものかという思いを深くいたしました。それと同時に朱子が昔の人であることを忘れてしまうくらいに今日に通ずる人であるとつくづく思ったことでありました。

この「大賢朱子」については少しむつかしすぎるという話を耳にするのですが、子供とか書物を読みつけぬ者ならば別、今日のいわゆる知識階級と称される者が、少しばかりむつかしいからといって、すぐに悲鳴を上げるなど、はなはだ情ないことでありまして、少しはむつかしいものと取り組まなければ人間は向上いたしません。食物も口の中に入れると自然に融けてしまうようなものばかりを摂っていたら、人間の身体は弱るものでして、多少は歯応えのあるものを食べませんとものになりません。よく嚙むと唾液が出てきてそれで口中のものを十分にまぶすから、初めて胃が消化出来るので、これなくして胃に直接送り込んだのでは、胃が大いに迷惑いたします。ご飯をいただくのにお茶で流し込むなどは、したがって言語道断と申さねばなりません。要するに食物はよく咀嚼するのがよいと同様に、骨の折れる難事、難件と取り組まなかったら、人間は出来るものではありません。民族についても同じことがいえることは申すまでもありませんが、この頃の人間はそうした意味でひどく弱くなっております。たんに弱いだけでなく、惰——怠るという意味の惰がついて惰弱になっている。これは今日の文明が誤れる方向にも進んだために起きたことでありまして、私どもはこうした誤れる文明の余弊というものが今や実に重大な段階に立ちいたっているということを深く記憶に留めなければならんと思うのであります。

現今の憂うべき時局に通う問題が、歴史上の文献の中に体験ずみの自覚や感想となって残されているいくつかの実例、証拠を——これは今朝東京から名古屋への車中で考えましてメモしてきたものですが、それをこれから二、三ご紹介することにいたします。

劉向の五寒

朱子も学問の集大成をした人ですが、それよりも前に――漢の時代に学問の集大成をした大学者に劉向《りゅうきょう》という人がありますが、この人が「五寒」ということをいっております。この「寒」はただ寒いとか雪が降るとかあるいは凍るとかいったことではなく、国家、民族のために寒くなるような、憂うべき問題といった意味です。

その「五寒」の第一は「政外」というので、政治のピントが外れることを極めて簡単な言葉で表現しております。国家には国内的にも国際的にもいろいろの問題が頻発するものですが、凡庸な政治家はそれらの問題との取り組み方において焦点を外しやすい。これが「政外」です。日本と中共の国交回復が必要となると、どこに焦点を置くべきか、それがはっきりしなくて台湾を忘れてしまう。また、石油問題に絡んで、アラブからイスラエルと手を切れといわれると、アラブがいうからそれも已《や》むを得ぬと考える。いずれも「政外」であります。

第二は「謀泄《ぼうせつ》」です。謀―大事な計画が洩れてしまうことです。事を行うには公明正大も大切ですが、時には機密裡に行うことも大切です。そうした機密が洩れてしまうのが「謀泄」で、アメリカのウォーターゲート事件などはそのよい例です。

第三は「女厲《じょれい》」です。この「厲」はもともと粗砥《あらと》――キメの荒い砥石、したがって荒々しいという意味で、これを健康の面からいうと癘《れい》――流行病、病的ということになります。ですから「女厲」は女が女らしさを失って病的になるということであります。

第四の寒は「不礼卿士」。これは「不敬卿士」ともいい両方を用いています。卿士は礼せず、あるいは敬せず。本格の人、当然尊敬重用しなければならぬ人――卿士を閑却することです。ちゃんとした地位職責にある者、その代表は大臣ですが、そこで大臣を卿士といいます。これを尊重しなかったら国事や政治が混乱に陥ってしまうこと必定であります。アメリカのキッシンジャーは確かに非常な秀才で、これを大統領が特別補佐官として用いることはもとより結構ですが、それを用うるのあまり肝腎の国務長官を初め本格の部署にある人々が有るか無きかわからんような状態にしてしまう。マスコミもキッシンジャーを忍者などと称してワイワイいう。これがためアメリカの政治は変態になり、国務長官は不満で辞めてしまいました。そして今度はその忍者が国務長官になりました。ああしたことは政治の本筋からしますと、邪道であり異端です。特別の人間が暗々裡に活躍することはあるべきことであり、また、現に歴史的にあったことでもあるのですが、これが筋道を外れると邪道に堕します。国盗り物語によく忍者が出ますが、あれが表芸になったらだめで、忍者といった者はあくまでも本道の補充でなければならんものであります――これはちょっとキッシンジャーさんには失礼とも思いますが。

「五寒」の最後は「内を治むること能《あた》わずして外を努む」です。内をしっくりと治め得ない時、その国内的不信を、対外政策を華やかにし、それでカバーしていくというのですが、これを現在最もひどくやっているのは中共です。中共の内政がどんなものか、それについて師友会の先頃の東京大会で佐藤慎一郎教授――これは勝れた中共研究家ですが――が「香港から見た中国大陸の実情」と題して詳細にお話になりました。人民公社から必死で逃げ出し、泳いだり、また、大変な犠牲を払ったりして香港に脱出して来る者が跡を断たないということ。そうした深刻な内政上の欠陥をカバーするために中共が、対ソ、対米、対日交渉の外を努めていることは覆うべくもない事実であります。とかくどうも政治家は国内で人気がなくなりますと大した意味もないのに外遊をし、それをマスコミにデカデカと取り上げさせて、人気回復を計ったりしますが、今も昔も変らぬことのようであります。

以上が劉向の「五寒」ですが、この国家の「五寒」は今もそのままに存しておりまして、劉向の漢代も文明の進んだ今日も同じことだといってよろしいようであります。

荀悦の「四患」

漢は前漢と後漢とありまして、そのあと、諸葛孔明、劉備、孫権、曹操など『三国志』で日本人にもよく知られた三国の時代に入るのですが、この漢末、三国の時代の初めに荀悦《じゅんえつ》という偉い人があります。賢者が輩出した驚くべき名門の一人なのですが、この人が国家の恐るべき重患——重い病として四通りを挙げております。

即ち国の「四患」というわけですが、この「四患」のどの一つでも国家の生命にかかわる問題だが「四患」の全部が揃ったら満足にはすまぬ、時には滅亡を招くであろうと称しまして、その第一を「偽」という字で表しております。国家の活動の代表は政治ですが、政治は公正であり真実でなければなりません。それに「偽」——うそが入る、うそが多くなるのは重患の一つであります。この「偽」という字が大変に面白い字で人偏に為がついておりますから人為です。そこから偽は技に通用しますが、人間のすることはどうかすると真実を失いうそが混ります。そのところから第二の意味がうそになる。政治にこのうそが混ることは確かに国家の重患でありまして、その一例を挙げますと選挙があります。選挙は政治の重大事ですが、選挙とは何ぞやという定義からしますと、現今世に行われている選挙がいかにうそっぽいものであるかということについては弁護の余地もないと申さねばなりません。

第二の重患は「私」です。政治が出来るだけ公正でなければならぬことは申すまでもありませんが、とかくそれが公義性を失って私事になりやすい。この「私」はそのことをいっているのですが、「私」という字は象形文字でこれも大変に面白い字であります。偏の禾は収穫物で旁《つくり》の厶は見た通り曲っています。収穫物を曲げて私物化することを表現しているわけで、政治が公共心、公徳心を失い私利私欲に走る。これが第二の重患です。続いては「放」です。これは恣（ほしいまま）、でたらめ、法律、規則その他の何もかも無視して勝手放題な理屈をつけて押しまくること、放埒、放縦です。今日の日本などは現今の文明国の中では最も放埒です。たとえば国労、動労のストライキなどは国鉄というものが公義のものであることを無視して、自分達の私的な利益を守るためにそれをひん曲げて使っています。政府もだらしがないので、これを峻厳に取り締り得ず、妥協してしまっております。

「四患」の最後は「奢」、おごりです。往古以来二十いくつもの世界の文明が没落した跡をたどってみると、奢るということが没落の大きな原因となっておりまして、このことはシュペングラーとかトインビーの文明史に遺憾なく実証されております。

偽、私、放、奢。国にこの四患ありて存するもの無しと荀悦は切々として説いていますが、省みてみますと今の日本にはこの四つが全部揃っており、しかもかなりの重患であります。

韓非子

この頃どうしたことか日本の読書人の間に韓非子《かんぴし》が流行しております。この人は秦の始皇帝に用いられましたがついにその意に反して始皇帝の犠牲になったのですが、その『韓非子』の中に「治強は法に生じ、乱弱は阿に生ず」という言葉があります。治強は国が治まって強くなること、阿はおもねりです。今の日本の政治の悪弊の一つはこの阿り、大衆に阿る、強い者、横暴な者に阿ることにあります。正義が強いか、強い者が正しいか、そのいずれかでなければならんので、正義が弱いのでは正義でなく、強者が正しくなければそれは強暴であります。その意味では現代人は善人が弱く悪党が強いということでありまず。この悪党観につきましては私は時々お話もしました『師と友』にも書いたことですが、とかく悪党は悪なるがゆえに積極的であり攻撃的です。そうでなくては悪は排されてもちませんから自然にそうなります。その上いけないことは悪はよく党する。したがって悪人は一人でもこれを悪党と呼びます。善人に善党という言葉はありません。善人は善なるがゆえにおとなしい。だから善という字には羊という字が入っています。この羊が善の象徴なのです。善は善なるが故に省みて疚《やま》しからず、したがってどうしても暢気《のんき》です。独りでおれる、平気で孤立に甘んずる、そして安んずるところがあるからつい傍観的になる。ですから、善人と悪党が戦いますとまず悪党が勝つ。よほど力があり行動力のある善人でないと、まず負けます。そして一度負けると回復がなかなか容易でありません。昔の物語の多くが、悪党にやられた善人が千辛万苦の末にやっと勢を盛り返し、悪党を征伐するといった、いわば勧善懲悪の物語になっているのはそのためです。

この頃のように科学技術が大いに進歩し強力な武器を造り出すに及んでは、善人は一度やっつけられると、再び立とうとしても立てようがありません。よく中共のことが問題になります。中共があれだけ治まっているのは、結局は中共の政治がよいからではないか、一部にいわれるようにもし圧制を布いているならば、中共にはとっくに叛乱が起きているはずだ、などといったことがマスコミでよく論議されますが、これは一を知って二を知らぬ文字通り一知半解の見であります。昔のように蓆旗・竹槍などで謀反や叛乱が起こせるものならば、もうとっくにそれは起きているのです。今日は科学技術の力が強大でそれが有力な武器になりますので、容易なことでは叛乱も成功いたしません。叛乱には結束が必要であり、謀議をしなければなりませんが、通信などが進んでいますのでそれが事前に察知されやすく、鎮圧されてしまうからです。また、かりに事を起し得ても、民間のささやかな武器などでは強力なる国権の力には抗し難いのです。こういうわけで徒党を組んだ者の力は強く、人間はそうした強大なものには阿諛迎合するという卑屈に陥りがちなものですから、マスコミも政治家もそして学者までもが皆これに阿る。学者などは最も正論を吐いてしかるべき者なのですが、これに得てして曲学阿世の者が多いのは、学者は元来が善人であり弱い者だからでありまして、曲学阿世でなければ孤立したりまた厭世的、隠遁的になるわけです。

韓非子は始皇帝の犠牲になった人ですが、いち早く始皇帝に見限りをつけて逃げてしまったのに尉繚子《うつりょうし》という人があります。この尉繚子が「亡ぶるは守る所無きにあり、危きは号令無きにあり」といっています。国家の支配者、国政の衝に当る者が、これだけはどうしても守らねばならぬ、確保しなければならぬという節操をもたぬ時には国家は滅びる。また、国民に向かって断乎として命令をするだけの勇気や賢明さをもたないと国は危ない——とこういう意味でありますが、これは危亡の現実問題として有名な言葉でありますので、この機会にお耳に入れておきます。

『六韜三略』

昔から日本人によく知られた書物に『六韜三略《りくとうさんりやく》』という兵書があります。六韜は文の巻、武の巻、龍の巻、虎の巻、豹の巻、犬の巻の六巻、三略は上略、中略、下略の三巻から成っていて、書の成立についてはいろいろ考証批判もありますが、政治哲学の書としても重んぜられて参りました。その中略に「世乱るれば則ち叛逆生ず」とあり、また、その下略に「一善を廃すれば則ち衆善廃《すた》る」――一つの善事をいい加減にして世に出さないでおくと多くの善が廃れる。その反対に「一悪を賞すれば則ち衆悪帰す」――一つの悪を褒めると多くの悪がそこへ集まってくる。「善なる者その幸を得、悪なる者その誅（誅罰）を受くれば、国安くして衆善到る。若し衆疑えば定国無し（国家の安定無し）、衆惑えば治民無し」といっています。この頃でもその通りで、政府が心配ないといっているのに、チリ紙や洗剤がにわかに姿を消してしまったのは衆惑うがゆえです。治民でなく乱民、暴民になってしまうからああしたことになるのであります。

以上いろいろとお話をいたしましたが、列車の中で思いつくままにメモしただけでこれだけのことが出てくるのでありまして、これを本格的、系統的に書物をひっくり返して調べましたならば、今日の日本や世界の政治を初め、人事百般何によらず古典、文献によって説明し批判もできることでしょう。

力富さんの黎明書房から最近出版されました書物にW・シュミットバウアーの『消費人間』という翻訳書があります。これをいただいて早速私も読んだのですが、原著者はドイツ人で大変によく書けており、なるほどと思わせる提言があちこちにあり、面白い本だと感心いたしました。ところが、あの本に書いてあることを要約するのに、古典からそれに関連した言葉を引っ張り出してきて、まとめてみれば、おそらくは十頁か二十頁程度で収まるといって過言でないと思います。昔の賢者はこれはと思う大事な点については政治といわず思想、哲学といわず道徳、教育などのすべてにわたりまして、ほとんどのことをいい尽し、これを古典、文献に残してくれているのであります。

一燈照隅、万燈照国

今日の日本がいかに危国、乱国の状態にあるか、辛うじて秩序を保つにすぎぬいかに危険な状態にあるか、一朝、事が起きたらどんなことになるか予想もつかぬ危い状態にあるということは古今東西に徴して明々白々であります。そんならどうしたらいいのか。これに対する答も歴史の文献が教えてくれているのですが、これを究極に押し詰めますれば、政治も世の中もすべてが人間のことでありますから、人をどのように育てていくか、そしてお互いが誰と組んでいくかということに帰着いたします。まず以て伝教大師の「一隅を照す」ということからいくより外にないことになります。

たとえば公害の問題にしましても結論は同じところに帰着いたします。この問題はすでに十年も二十年も前から先覚者が警鐘を鳴らしてきたものです。レーチェル・カーソンという人が『沈黙の春』という本を書きましたのはもう十年以上も前のことです。レーチェル・カーソンは非常に美しい文章で、現代の科学文明の余弊のために、春が来ても野に蝶は舞わず、木に鳥は囀らず、また、湖や川に魚の游《あそ》ぶのが見られなくなったと——こういうことから書名を『沈黙の春』としたのですが——いろいろの実例を挙げて公害の実相を世に訴えたのです。当時はほとんど顧みられなかった。私は当時友人の学者からこの本を送ってもらって一読し、大変に優れた本だと感心いたしまして、あちこちでこの問題についてお話をしたのですが、ほとんど顧みる人がありませんでした。これではいかんとしだいに考えるようになりましたので、佐藤内閣の時に、当局にも進言勧告をいたしました。

公害問題は実に重大事だから、正月の議会の劈頭の総理の演説にこれを取り入れ国民に大警告をもたらしたらどうだと、このようなこともいったのですが、結局取り上げられず、型のごとき演説で終ってしまいました。ところがその直後のこと、アメリカの大統領が大統領教書で公害問題を取り上げ、政府が率先してこれと取り組まねばならぬと熱烈な演説をしました。そこで初めて日本でも事の重大に気づき、翌年からボソボソとそれを取り上げました。どうも日本人はこれぞと思ったことを、世間を憚って大胆に思い切ってやれないという悪い癖がありますが、これなども大変惜しいことだったと思います。

『沈黙の春』が出てから数年後、今から五年前のことです。アメリカのスミソニアン協会が都市問題、公害問題の専門の学者をニューヨークに集めて公害問題の研究報告会のようなものを開催しました。この時エドワード・ホールという人類学者——この人は大変偉い学者で、多くの著書を出しており、私はこの人の書物は注意して出来るだけ読むようにしてまいったのですが、この人が実にいたれり尽せりの豊富な実験、実例を挙げて、公害問題を論じました。私はこの時の研究報告の成果にもとづきましてあちこちでたびたび講演、解説をし、『師と友』の公害問題特集号を出し世の猛省を促したことでしたが、最近になって、エドワード・ホールの説いたことの梗概といったものがドイツのコンラート・ローレンツという動物生態学者――この人は今度ノーベル賞をもらってにわかに有名になりました――の手によって一書にまとめられました。日本でもその訳書が『文明化した人間の八つの大罪』と題してこの頃出版され、だいぶよく売れたようですが、過当な都市化、それから生ずる過当競争等、公害が動物や人間、中でも都会人に及ぼす悪影響、それから生ずる堕落、罪悪等々を詳細に論じております。

そこでぜひ皆さんにお話しておきたいのは、このような公害問題の先覚者であるエドワード・ホールの最終結論であります。公害の問題はいくら論じても仕方がないが、この問題の究極は、人間各自お互いがわれらいかに生くべきかと反省、考察し、それぞれの生き方、在り方、行動を改めるしかない、他人事の問題にしておいたのではだめで、おのおのが誠を尽して努める、良心的生き方に徹するより外に道はないというのであります。ということは、『一燈照隅』より外にないというわけであります。

重大かつ決定的な甲寅の年

最後に来年の年回りについてお話いたしておきます。

民間にいう年回りというのはたわいないものですが、ここに私がいいます年回りは干支学という研究に立脚したものです。干支学の立場からしますと、来年の甲寅、きのえとらというのは社会的、政治的に重大かつ決定的な年であります。

甲、きのえは穎割《かいわ》れ、木の芽が殻を破って出てくるという象形文字です。したがって今まで伏在、潜在していた勢力が新しく芽を出して伸びることを意味します。政治的には今まで停頓していた問題を積極的に打開推進すべき年であります。次に寅、とらは虎とはもともと無関係なので、後世になって結びつけられたのです。寅に三水偏をつけると演説の演ですが、これは今まで結束していたものが伸びることを意味します。そうした伸びる時にはとくに反省、警戒が必要であるところから寅《いん》には慎むという意味があります。ところがそれには一人ではいけないので、同志がしっかりと結束しなければなりません。そこから志を同じくする者を寅《いん》という。同寅《どういん》という言葉がありますが、同じ仲間、同じ役職者のことです。それでもしそうした意味の新しい自覚にもとづいた結束がわれわれにありませんと、逆に現状、現実を破壊しようとする階級の結束が成立しますから警戒を要し、懼れ慎まねばならぬことになります。ところが甲は狎に通じ、保守が新政策を推進せねばならぬのに旧来の因習、コンヴェンショナリズムに狎《な》れて積極的に活動しないことも起ってまいります。こうした意味で甲寅の年は争い事が起ることになるのです。

この前の甲寅は大正三年でしたが、第一次世界大戦が勃発していますし、シーメンス事件もありました。また、正月には桜島が噴火しまして一万人以上が死んでいる。秋田の大地震や鉱山の大爆発も起きている。甲寅は自然も人事も同様多事多難な危い年でありますので、政府がよほどしっかりいたしませんと乗り切れません。このことは八卦とか方位とかいうものと違いまして、れっきとした統計研究の結論であります。いろいろの意味からして来年は私どもも今まで以上にしっかりいたしませんと日本は次第に混乱に陥らざるを得ないと思います。皆さんがいよいよ自重自愛されまして、日本のため、民族のために結束して尽力されんことを切に念願して已みません。（昭和四十八年十一月）

日本は廃れるか栄えるか

私はこの大会に、本年もまた、無事に参会することが出来まして大変嬉しく存じます。また、さきほど来、若き諸君の真心のこもった感想を傍聴しておりまして、この愛知県師友協会が漸次よい会員を集められ、いつとなく会の精神、教養といったものが浸潤してきておる状況を眼のあたり見ることが出来まして、ますます嬉しく思いました。

私はここ名古屋にまいりまして、ある時はこの郷土出身の細井平洲先生のお話を、あるいはまた、時局に即して『論語』をしみじみお話したことがありますが（四四頁「時世と論語」）、より多く時局を通じてわれわれの国家・民族の現代における偽らざる実情、その運命、その前途といったことをお話したように覚えております。そして、そういう場合には、時局の忌憚のない実相を把握してむしろお互いが切実にかつ深刻に反省すべき問題を指摘するということが多かったわけであります。

昨年は、私がものしました児童憲章の話にほとんど終始してしまいましたが（一九四頁「人物・時世と学問・教育」）、その時も最後に、ヨーロッパのＮＡＴＯの会議で、今日問題になっている公害について深刻な報告があったこと、しかもそれはヨーロッパだけの問題でなくして日本自体の問題でもあること、こうした状況の中でわれわれの次代をいかに育てるか、むつかしい問題だということなどを、お話しました。これらのことに関して「先生は悲観的に過ぎはしないか」というご意見もあったとうけたまわりましたが、今年になってみますと、昨年はそのように考えられた方でも、私が憂えた以上に大規模に、そしてさらに深刻に、現代が危機に入っておることにお気付きになっているだろうと思うのであります。

悲観と楽観

悲観、楽観という問題、これにつきましては、意気地なき悲観は内容なき楽観と同じで、こういうものは共に問題外でありますが、楽観は楽観、悲観は悲観で、共に真剣でなければなりません。この場合は悲観的、楽観的といった方が妥当かと思われますが、ただ今の日本の置かれている状況について悲観的に見るか、また楽観的に見るか、そのいずれがわれわれにとって真であるかということを、われわれは心得ておかねばならんと思います。

私は、どちらかといえばいささか楽観的というのが真実であると確信する。どういう理由によってか。それはいろいろの原理から解説出来ます。歴史も最も古く、普遍的でかつ切実なものに、東洋民族独特の『易経』があります。これを借りて説明するのもよいのでありますが、今日はしばらく措きましてごく平易に説明を申し上げようと思います。

われわれが日常最も親しんできておる言葉に「愛」「愛する」ということがありますが、愛はわれわれがそれによって育ってきた人間の偉大なる徳であります。「愛」は日本語で「カナシ」とも訓じます。「愛《かなし》」、これは大変によい言葉、情の深い真心のこもった言葉です。もし仏教の第一義を一言にしていえということになれば、達磨《だるま》と武帝の問答のように不識ともいうことになりましょうが、仏教の根本義はおそらく「慈悲」という言葉に尽きる——それをもう一つ突き詰めると「悲」の一語に尽きると思います。儒教でも同様で、「仁」は即ち「恕《じょ》」の一字に尽きる——「夫子《ふうし》の道は忠恕のみ」と『論語』にありますが、「恕」の一字でもよいわけであります。それがちょうど仏説の「悲」に当る。「悲」「恕」は共に、このように日本の伝統的な言葉である「愛《かなし》」の心に共通し一致するものであります。

われわれのこの生、人生、この世に生まれて生きるということは限りない情味でありま す。この生を保っていく、養うていくということは無限の情を含んだことでありますが、それはわれわれの情緒においては「愛《かなし》」ということになってくるのであります。そのゆえに人の子の母は、子供に対しましては、それがいく歳になりましてもいたいけな子供に対するのとまったく渝《かわ》らない気持で、病気や怪我をしなければよいが、失敗をしなければよいが、災厄に遭わねばよいが、どうか無事であるようにと、常に愛《かな》しむもの、心配するものであります。これが本当の生みの心、育ての心、悲母《ひも》の心でありまして、人間は放っておいても何とかなるなどというのは他人の心でしかありません。親身であればあるほど、他人から見ればおかしいくらいに心配し、気遣い、思い遣るのが本当であります。その意味においては国家も民族も同様で、困難なこの時局に臨み、わが民族、わが同胞、わが家族、自分たちがこれからどうなっていくであろうかと考えるのが人情の自然というものであります。が、国民の一人として時局を思い考える時には、母が子を気遣うのと同じで、どうしてもいささか気にしすぎる——悲観的になる、というのが真実であります。

われわれは時局を考えるとき、どうしてもかように悲観的にならざるを得ませんが、悲観というものは、突き詰めると楽観と一致する。また、真の楽観は徹底した悲観をまって初めて生れるともいえましょう。哲学的に申すと、本当の客観はこれを徹底すると偉大なる主観となる、本当の主観はこれを徹底すると大いなる客観となる。それが天人合一の理法であります。これを詳さに論ずれば非常に深遠なことになるのでありますが、このことはすでに皆さんがよく認識しておいでのことと思います。

ただ今の世界、そして今後の世界、一九七〇年から一九八〇年の、あるいはまた今世紀末の、そして二十一世紀の人間がいったいどうなっていくのか、思慮深い人ほどあらゆる学問・研究の分野にわたって深刻な警鐘を打ち鳴らしている。いわば深刻な悲観的警告をして、それが幸福な楽観に到達するように心を砕いているといってよい。

先手と後手

昨年ちょっと触れましたヨーロッパにおける深刻な警告というのは、昨年十月ベルギーのブリュッセルでＮＡＴＯの総会が行われましたが、その最後の日のことであります。都市問題の専門家でニクソン大統領の特別補佐官をしているモイニハンという人が重大なる警告をした。即ち、今日の空といわず水といわず土といわず、あらゆる方面に深刻な汚染が始まっている、これがこのままどんどん進行するならば、否、ならばではない、それは恐るべき勢いで進行しつつあるのだが、このままの情勢では、文明諸国民は今後十年ないし二十年で半減してしまう憂がある、と警告いたしました。ところがその後、専門家のごく最近の研究の結果、そうした危機はさらに早く来る、五年ないし十年以内に到来する、といわれ始めております。

物理学では、物質の量が半減する時期を半減期といって大変に重視しておるが、人間界の現象もすべてそうであります。何でも半減するところまでは割合に意識に上らぬが、問題がその半ばまで到達すると――その端境がくると、それから先は問題が急激に深刻化するのであります。病気を想起してみるとよい。端境まではさして意識しないが、そこをすぎるとにわかに病苦がつのってくる、そういう時が大変に危険であります。癌などはその最も不幸な例でありまして、それが意識された時はすでに初期ではなくて半ばをすぎておる。そういう端境の前に手をつけるのと、後手で行くのとでは大変な差が生ずるわけであって、文明――公害の問題も文明諸国民がその存在を脅かされる半減期に到る前に、即ち五年ないし十年以内に解決の途を見つけなければなりません。われわれは現にそうした瀬戸際に立っているのであります。

これは大変重大なことなので、昨年秋――といいましても十二月に入ってからのことですが――師友協会の全国大会にご参集の皆さんにその詳細を報告いたしました。そしてこれはまさに国を挙げて取り組まねばならぬことだが、たんに国家公共の問題としてではなく、私どもが自分たち自身の問題として解決すべき問題だ、とお話しました。集まった人たちは真剣にお聞きになってはいたが、率直にいって皆さんは「そんなものかなー」というような、また、他人事のような感じでしか理解されていないように身受けられました。かような態度は、忌憚なくいって政府にも実は共通しております。

師友協会の全国大会の直後に、私は政府当局に直談し、公害問題は政府がまず大々的に取り上げ、新年早々にも重大警告を発すべきである、と忠告したのでありますが、感心して傾聴したまではよかったけれども、結局はやらなかった。ところがアメリカのニクソン大統領はその新春早々に私が政府に忠告したのと同じことを熱烈、かつ深刻に取り上げ、公害問題は国民にそれを求める以前に政府自身が徹底的にそれと取り組まねばならぬ、といって尨大な予算措置を講じて大統領の指令を発したのであります。日本人の悪い癖で外国がやってニューズ・ヴァリューが出ると、にわかにそれを問題にする。しかもそれを言い出したとなると、まるで火がついたように騒ぎ立てる。こういうことは、皮肉にいえば愚者の悪癖でもあるわけですが、愚者だけならばまだよい、それに佞人《ねいじん》、奸人《かんじん》、悪人など、公害を種に事業家や政府を苛《いじ》めようというような性質の悪い手合が出てまいりまして、公害をこれ幸いとしていきり立つ。中にはまた、公害などは重大視することはないなどといって、楽観を宣伝し、また楽観を粧《よそお》うといった者も出てくる、といった具合で、本来の問題が左右にジグザグしてわけのわからんことになってしまう。人間のこと、時局のことは、なかなかなかに厄介であり御し難いものであります。この問題の正しい解決のためには、なかなかの時間と人と手段・方法を要しますので、その間に事態がどう動いていくであろうかということは、私どもの重大かつ深刻な関心事といわなければなりません。

一斎先生の教訓—物事は无妄に動く

この問題の先行きについてはいろいろの観測が行われているし、世界の各国がそれぞれに専門の主脳部を集めて必死に対策を求めていますが、正直にいって、この先どうなるのかわからん。わからんというのにもいろいろあって、本当にわからん——問題の本質が解るがゆえに先行きがわからんという人と、問題を解ろうとしないから何にもわからんという人と、があるわけですが、この場合は、よい意味において本当にわからんわけでありま す。自然界、人間界のことはすべて人間の狭小なる利害打算、欲望の立場からは予測が出来ません。それについてかつてお話したことがあるかと思いますが、私が忘れられない先哲の言葉——幕府の大学である昌平黌《しょうへいこう》の総裁だった佐藤一斎の七言律詩に次のような有名な対句があります。

赴イテレ所ニレ不ルレ期セ天 一ニ定マル　期《き》せざる所に赴《おもむ》いて、天一《いっ》に定まる
動ク二于 无 妄ニ一物 皆 然リ　无妄《むぼう》に動く、物皆《ものみな》しかり

人生、自然の問題、現象は斯《か》くなるだろうと予期するところへは動いていかない。期待を裏切られておやおやこれは大変と惑っていると、いつの間にかまた事態はある所へ帰している。天一に定まる、というのはこのことであります。「天雷无妄」は『易』の六十四卦の一つで、不慮の出来事を意味する。不慮——人間には不意のことだが、天の理法からすれば当然のことであります。偶然は人間の側においての事であって、大自然からすれば必然であり当然であります。当然、自然、必然、偶然は大自然＝天からすれば一つでありま す。要するに佐藤一斎は、物事は无妄に動く、むしろ人間の思いもよらぬ所に往ってしまって、自ずからぴたりと定まるが、それは天の所為だ、というわけでありまして、さすがに達人の言といわなければなりません。各国はあらゆる専門家を動員して公害などの研究に大童で、今日では汗牛充棟《かんぎゅうじゅうとう》ともいえるほどのそれについての書物が出ております。本日の開会の言葉にありました「未来の衝撃」もその一つでありますが、俗にいう未来学のあらゆる書物の結論の一つを要約すれば、佐藤一斎のこの詩の対句がそれであります。

真理はかように古今東西を問わぬものでありまして、われわれの未来に関しては楽観的結論はあり得ません。もし簡単に楽観する者があるとしたら、それは大馬鹿者、無頓着な者でありまして、本当は、考えれば考えるほど悲観的にならざるを得ません。しかし、悲観のその究極はどうなるか、当然、必然、自然に徹しなければならず、そうなれば覚悟・決意ということになるわけで、度胸を据え全力を尽して斃れて後已《や》むというところへ行くより仕方ありません。いわば悲観は楽観に到達するより仕方がないわけであります。

今日の宇宙開発の事業は、恐るべき量の人、金、技術、機械等を動員して世界の耳目を聳動《しょうどう》しておりますが、これなどについても、いやーどうも人間は偉いことをやるようになった、月に足跡を印した、やがて火星や金星などにも到達するだろう、こうなったらもう地球のことなど問題でない、などといって楽観する人は、何一つ事態の真実を知らぬ人であります。宇宙開発と真剣に取り組んでいる人達は真剣に深憂しておる。そうした心配の究極から真実の「われら何を為すべきか」という当為、当然を発見し、それへ到達しようと努力を重ねているといってよい。その覚悟の底に深憂を潜めているわけで、先ほどのモイニハンなどもその一人であります。

ドイツの有名な物理学者でマックス・ボルンという人、確か一九五六年にノーベル物理学賞をうけた人ですが、この人などは、深憂し悲観してその底から大いなる悟道に入ろうとしている人といってよい。彼はこういっています――月や木星や金星にまで到達する宇宙工学は、確かに驚異に値しようが、それは要するにエヴェレストやヒマラヤを征服したり、また、南極や北極を探検するのと同じことで、人間に対して真実な意味における幸福、満足、安全、あるいは繁栄をもたらすものでは決してない、否、そうした深い意味を離れた、ごく平凡な意味における幸福や安全をすら、それはもたらすものでなく、むしろそれは、率直にいえば、軍事上の必要のために政治的権力をもった当局が採り上げることによって初めて発達したもので、人間には却って憂うべきものを含んだ出来事だ、それは人間の知能、知性の成功という意味をもつと同時に、人間の良心・理性からすれば大いなる悲劇といわねばならぬ。かように彼は断言しているのであります。

この宇宙開発にかけられているとてつもない金、物、人の力を割いて、これを地上の開発に用いられないものか、それが出来たら人間はどんなに幸福になれるかわからんのにという意見がここかしこで囁かれているようですが、こうした大きな問題を考えてみましても、それがいったいどこに赴くのか、われわれの予測しないところへ必ず動いていく、アクシデントによって動いていく。正に「もの皆しかり」、佐藤一斎の詩句の通りであります。

そういう点では政治も例外でありません。ナポレオンはいっている——政治は政策を立て、それが予期する通りに物事を運んでいくというような、そんな理論的、合理的なものではなく、常に何か途方もないアクシデントが起って周章狼狽してその解決に苦労する、つまりアクシデントに引き摺られて展開する、政治とはそういうものだと。この話は佐藤一斎の詩の注釈としても少しもおかしくないようであります。

流行児の転身

われわれの世界、時局がどうなって行くのか、考えれば考えるほど、このように量り知るべからざるものがあります。ポカンとして何も考えないでおれば天下泰平なのだが、真に人間を愛し、民族を愛し、文明・文化を愛するならば、皆が真剣になってこの問題と取り組まねばならんわけであります。

ここで、最近の時世を象徴する面白い話、時世の流行に乗じまして成功し、世界的にもてはやされた二、三の人物の話を申し上げようと思います。

その一人はメリー・クワントという婦人デザイナーです。この人は現在世界的に流行しているミニ・スカートを発明して何億と稼いだ婦人ですが、これが面白い感想を述べている。即ち、「私は服飾、中でも婦人の服装は少数の貴族やブルジョアの嗜好に合わせ、またそれを煽るようにデザイナーが工夫したものを、愚かな世の女性たちが高い金を費やして真似をするもので、誠に情ないことだと常々考えていた。したがって世界中の女性を、少数の貴族・ブルジョア階級の世界並びにこれらに諂《へつら》いかつこれらを煽動する怪しからぬデザイナーから解放してやろうと考えて苦心惨憺の末作り上げたのがミニ・スカートなのだが、これが意外に世界的に流行するようになって、さて今日になっては、これもまた実につまらぬことだという気になった。しかし私は今、それをどうしたらよいのかまったくわからない、願わくは世の識者に教を乞いたいと思っている」――さんざん流行させた揚句につまらぬとは怪しからんことですが、これもまた物事が无妄に動いた結果といえましょう。

次はビートルズという連中の大本山の一人であるJ・オズボーンという劇作家が大転向をした話であります。この人が“Look Back in Anger”という劇を書いた。訳して「怒りをこめて振り返れ」といいますが、そんな日本語はありますまい。「思えば腹が立つ」でよいでしょう。要するにこの芝居は、主人公がその耳目に触れるありとあらゆるものが癪に触り、クソ面白くない。そして手当りばったりに何でもぶち壊したくなるというのでありまして、これを観ていると観客たちもしだいにその雰囲気に釣り込まれてきて、その芝居

がはねて帰途につく頃にはその辺のものを蹴飛ばしたくなってしまう、というのでありま
す。ビートルズなどのラディカリストや日本の全共闘の連中の破壊活動は実はここから出
てくるのでありますが、このオズボーン先生が最近に至って完全に転向した。そして彼ら
ラディカリストは実につまらぬ。人間にとって最も大切なことは“What am I?”というこ
とであるのに、彼らはそれがまったくわかっていない。ビートルズは「我とは何ぞや」の
「我」をもたない、「我々」というグループ＝集団の蔭に隠れて「一人」になることができ
ない。だから一人一人に切り離したら彼らは実に詰らん連中だ、彼らは“Being”でなく
“Weing”であって人間にとって最も大切な自我を喪失している、といい出した。日本の全
共闘の連中などでも集団行動をしているうちは勇ましいが、警察に引っ摑まって一人にな
るとじきに泣き出すそうです。明治維新の志士とここが根本的に違っている。一人になっ
ても大見得を切るようなのは一人もないそうです。何はともあれ、オズボーンのこれは大
いなる復帰、転換といえましょう。オズボーンは「我」「一人」の発見を大発見だといって
いるそうです。何のことはありません。そのようなことは儒教にも仏教にも古くからいわ
れていることで、われわれには新しくも何ともないのですが、彼ら断絶の子には新しい価
値の発見と見えるわけなのでしょう。

もう一つの例があります。オズボーンなどと並び称せられる、これはフォーク・ソングの世界的流行児で、ボッブ・ディラン（あるいはダイラン）というのでありますが、そのディランに、現代人の心を打ちかつ捉えた有名な歌がある。"Something is happening here. But you don't know what it is. Do you, Mr. Jones ?"「何かが今起っている、しかし貴方はそれが何だかおわかりでない、ね、そうでしょう、ジョーンズさん。」ただこれだけのいかにも簡単な歌なのですが、これを歌われると横着な連中を含めて大方の人がゾッとする、実に嫌な気持になる。繰り返してみると実に嫌な歌ですが、これが現代並びに明白の世界の実相というものを誠によく摑んでいる。すべて物事が期せざるところに赴く、やや！これはと驚いてどたばたする。公害などもちょうどその通りの例なのですが、しからばそこでどうしたらいいのかと問われても答えようがなくて、気持が悪いばかりであります。公害関係の汗牛充棟の研究書もその点ではボッブ・ディランの歌と同じで、何かが起ろうとしているが、それが何だかわからない。

こうなりますと、オズボーンではありませんが、「我とは何ぞや」と自分自身の問題として考え、一つの覚悟に到達するようにいたしませんと、ただ不安な時局に流されて行くだけといった情ない仕儀に相成るわけであります。

思想的回帰

ただ今お話をしましたような転換・回帰は思想――思潮の分野にも起っております。今まで、時代・社会・マスコミの世界を風靡していた思想・議論・主張がこの頃無力になってきた。それらを背後から支えていたものがその権威を失墜する傾向が出てきております。それについて興味深い実例を三つばかりご紹介申し上げましょう。

その第一は、ユーゴスラヴィアの副大統領だったミロバン・ヂラスであります。この頃またチトーが世界の注目を集めておりますが、ヂラスは、そのチトーを助けましてユーゴスラヴィアをあそこまで育て上げた第一の功労者で、人物・力量・教養を以てチトーに重んぜられ、ついに副大統領になった。彼は共産圏の宗主国ともいうべきソ連と張り合ってあらゆる強圧をはねのけ、毅然としてユーゴの独立を守り通したのでありますが、副大統領となって共産主義国の統治に当る間にしだいに共産主義政治に疑問をもつようになり、ついに、それはしょせんまやかしでありだめなものである、という結論に到達した。チトーもこれには困って「泣いて馬謖《ばしょく》を斬《き》った」。斬ったといっても抹殺するにはあまりにも大きな存在なので副大統領を罷免して投獄・軟禁をいたしました。そこでヂラスは獄中ひそかに、共産主義思想並びに政権の究極に対して忌憚のない批判の書をものした。『新しい階級』という書物ですが、これがひそかに米国にもち出されてそこで出版せられ、洛陽の紙価ならぬ世界の紙価を高からしめた。いかなる人にもあれ公平冷静でさえあるならば、この本を読んで、ソ連、中共など共産主義国家について必ずや覚醒するところがあるに違いない。この本はそういう「蒙を照らす新しい一燈」といってよいでありましょう。

これとよい対照をなす本を書いた人にジェームズ・バーナムという人があります。アメリカ現存の大学者で、こんな秀才はいなかったといわれた俊秀でありますが、これが若い時に型のごとく共産主義に染まった。ところが、マルクス・レーニン主義に慊《あきた》らず、マルクス・レーニン的でないコンミュニズムはないか、考えられぬかと、当時メキシコに亡命していたトロツキーなどをも訪ねまして激論を闘わしたりした。そしてついに一切の共産主義に愛想をつかしそれを抛棄《ほうき》してしまった。それと同時に彼は、共産主義と対極をなすイデオロギーであるところの自由主義についても深甚なる疑惑を懐き、最近に至って『自由主義の終焉』という書物を著しました。バーナムのこの書物に引き続いてアメリカの大学教授でダニエル・ベルという思想家が『イデオロギーの終焉』という本を書きました。この本でベル教授は、イデオロギーというものは人間が物を考える限りは存在するであろうが、マルクス・レーニン主義とかファシズムとかナチズムのごとく、強権的、圧迫的、弾圧的かつ排他的なイデオロギーは、新しい人間——次の世界には通用しない、そういうイデオロギーは今やその存在価値を失いつつある、ということを強調しております。以上、取りあえず三つの例をお話いたしましたが、世界的流行思潮の上におきましても在来の権威や価値が揺さぶられていることがおわかりいただけたかと思います。

これはいささか余談めくことでありますが、ただ今のベル教授の書物などを読みまして、とくにこれはと思われるエッセンスをいくつか拾い出してみますと、われわれのようにシナや日本の古典に親しんできた者からしますと、拾い出したエッセンスが悉く『論語』、『孟子』、『史記』、『通鑑《つがん》』などに出ているものばかりで、何ともおかしいくらいに珍しくない、ということであります。人間の思想、哲学には今までになかった新しいものは何もない。絶えざる創造はありますが、それは不易なるものの絶えざる変化であります。そのへんの消息を徹底して説明するのが『易』であります。程子や朱子の書物を読みますと、易に三義ありといって、易はまず変るもの、変異であり、同時に易《かわ》らざるもの——不易ということであり、またやすい、易簡ということであると説いております。これをさらに詳しくいえば六義になるのでありますが、ここではそれに深く立ち入ることはさて措きまして、その『易』にありますように変化の底には常に不変不易のものがありますから、変化に徹すれば必ず不変なるものに到達するわけでありまして、ただ今のベル教授の、新しい思想——主張がわれわれにとってはちっとも珍しくないということからしまして、東洋の思想——古典の深遠であり普遍的なものであることが、よく解るのであります。

地球の異変と都市の巨大化

最近ソ連の宇宙ステーションが成功をしたといって騒いでおりますが、あれは地球のいたるところをいつでも攻撃出来るようにと、それを目的としております。アメリカもそれではたまりませんから対抗手段を講ずる。と、それにまたソ連が反対策を考案するといった具合で際限がないので、最近になって宇宙での競争は止めようという条約が成立いたしました。ところが、それに代えて海底開発をしようという構想が打ち出されてきた。宇宙開発まではいいが海底に手をつけるとなると、下手をすると地球自身にどんな不測の異変が生ずるかわからんというので専門家達は深憂し恐怖に駆られている。というのは、専門家達はさなきだにすでに異変が起っていることを知っているからです。ヨーロッパでもアジアでも世界の北辺では、すでに異変が起きている。大西洋の暖流が北極洋の方へ向きを変えてきたため、アイスランドやグリーンランドでは、ここ二十年の間に気温が摂氏十度も上っているし、またそのために、北極洋のアイス・キャップの面積が今世紀の初頭に比べると十二％減少し、北極洋の氷の層の厚さが四十％も薄くなった。こういうことがこれ以上進行すると、水蒸気がひどくなってこれが大吹雪となり、場合によっては新しい氷河期に入ることになりかねない。そこへもってきて現代の科学技術——工業文明の副作用の問題が重なってくる。その一つは空中の塵埃であります。太平洋の真只中においてさえここ十年間に十九％も空中の塵埃が増加し、また、中央アジアの未開の土地でも十二％増えている。この勢いでいくと塵埃のために太陽から地球が遮断されてしまう。塵埃ばかりか空中にはジェット機だけでも酸素を夥しく消費し、自動車や煙突から出る有毒ガスが溜ります。それによる中毒が恐ろしいのみならず、それは人間から思考力まで奪うといわれています。そうなっては、そうした害悪に対する良策すら樹てられなくなります。ジェット機が太平洋をひと飛びすると、四十トンの酸素が減る。これは一日に五万人の人間が呼吸する必要量だというのですから大変であります。

以上お話しましたような問題はいずれも同根の現象でありますので、一つを突っ突き出すと次々に関連していきまして際限がありませんが、最後に都市化——都市の巨大化の問題についてご報告いたしましょう。

この問題は師友会の総会でも詳さにご報告しましたが、現代の都市は際限なく巨大化する傾向にある。巨大化して都市と都市とが繋がってしまってメガロポリス＝接続都市になってしまう。やがて一国家、一大陸がそのまま一つの巨大都市になってしまいそうであります。そういうのをエキュメノポリスといいますが、日本では今世紀末には八十％の人間がメガロポリスに集中するだろうといわれております。接続都市を結ぶために高速道路や新幹線が縦横に通じていよいよ人間が都市に集中するはいいが、人口が過密になると人間は自己崩壊を起す。そのことは動物実験で十二分に実証されているのであって、それについての警告がいろいろの学者から出されていますが、とくに目立つのは世界に喧伝されたエドワード・ホールの警告と提案であります。

自己革命と一燈照隅

ホールはアメリカの新進の人類学者ですが、ニューヨークで開かれた有名なスミソニアン協会で、都市問題の専門学者たちが多数集まった席上、講演をした。――彼は周到なる実験例を豊富に引用いたしまして、都市の巨大化は究極するところ人間の滅亡と結びつくだろう、このニューヨークはすでにして救うべからざるところまで巨大化してしまっているかも知れないが、これを甦らせることが出来ないとしたら、われわれのアメリカもまた崩壊の運命を免れまい、と推論したのち、二つの救済策を提唱いたしました。その第一はバイオトープ（Biotope）ということ、これは都市に住む人間がそれぞれ自分の静寂を犯されないようにするということであります。要するに斎居する処、心身を休ませかつ清明にする処をもたねばならんというわけです。これで思い出すのは、アメリカからやってきて日本人の生活を研究している人が、日本の家庭では主人の勉強する部屋を書斎ということに感心した話であります。書斎は文字通り勉強し精進する大事な部屋で、主人は女房たりといえどもめったにここは犯させない。日本では、そういう処を妻ももっている。ゆえに奥さんという。亭主たりともここは濫りに犯し得ない。主人が何々斎で女房は奥さん——こうして人それぞれの静謐を乱されぬ一角をもつということ、それは大したことです。これが、都市の近代化によって失われ、精神的にも肉体的にも破滅の淵に追いやられそうな人間を救済する手段・方法の中核だ、中核をなすものだ、というのであります。これに続いて彼はプロクシミクス（Proximics）ということを提唱する。善隣学——善き隣保組織を作る、それをもたねばならぬというのであります。一方において静寂を犯されぬ処——斎居する処をもつと同時に、他方においてお互いが善き隣人になり合う。そうすることによって、人間の身体があたかも個々の細胞とその集合体によって成り立っているがごとくに、合理的な人間集団が形成されるならば救われるであろうが、そのためには、都市生活をする文明人が在来の自分自身に対する考え方を徹底的かつ真剣に一新しなければならぬ。そしてそうした考え方——精神を抽象化することなく自分自身の生活に引きつけ、自らの行動の中にそれを具体的に生かす生存革命、精神革命、人間革命を成し遂げなければならぬ、というのがエドワード・ホールの結論であります。その意味で本会の劈頭において若い三人の男女の皆さんが交々立って感想を述べられましたが、ああした把握の仕方は大変に正しく、誠に結構なことであります。そうした摑み方、自覚に立って自己革命に徹する以外にわれわれは救われない。

ホールの結論は、とりも直さずわれわれが多年にわたって提唱してきたことであります。それは華々しく大言壮語するまでもないことであります。伝教大師が『山家学生式』で求道者のために述べられた言葉に「道心ある者は国宝である」として、各人が自ら坐するところの一隅を照らすことを教えてあります。一人一燈が百人百燈、万人万燈、万燈ともなれば文字通り万燈遍照になるわけであります。とにもかくにも一人一人の精神——自覚が基本であります。古来の維新、革命の歴史を見ましても、そういうものが大衆によって成し遂げられた験《ため》しは絶対にありません。このことは歴史学者、社会学者が十二分に実証している。大衆が大きな力——エネルギーをもつものであることは確かだが、そのエネルギーはポテンシャルなものです。うまく導けば偉大なる力を発揮する可能性を秘めてはいるが、なお渾沌の状態にあるのであって、それに明確な形を与えてどのように活用するかは指導者によって決まる。そういうのが大衆というものです。

大衆と指導者＝エリート、それは矛盾するものではないかという人があるかも知れない。が、決してそうでありません。社会が大衆化すればするほど、優秀な指導者を必要とする。指導者なき大衆社会は、堕落・混乱・破壊・闘争があるだけです。いわんや指導者が邪悪な場合は悲惨です。共産主義国家を見ればそのことははっきりしている。中共が文化大革命などといってもう六年越しに惨憺たる文化大破壊をやっており、同胞が血を洗い合っていることは、皆さんがすでによくご承知の通りであります。そうした事実に眼を蔽い、断々乎として批判するだけの理性と勇気を欠いて、わずかばかりの貿易の利に眼が眩み中共に叩頭拝跪《こうとうはいき》するがごときは、昔の六国の姿にも似て愚劣と申すの外ありません。何はともあれ、人類の歴史を振り返ってみますと、偉大なる進歩の蔭には必ず極めて少数の優秀な自覚者、指導者がいる。そういう人は初めのうちは人目につかず勉強しているが、しだいに同志を得、その同志が切磋琢磨し団結することによって、文字通り期せざるところに赴いて維新、革命が成し遂げられている。原動力はあくまでも人々一人一人の自覚、覚醒にあるのであって、大衆に依存してどうしようなどというのは、オズボーンではありませんが、空論であり愚論です。時代が不安になればなるほど、危機化すればするほど、ほしいのは自覚せる一人であります。老子が「抱独」ということをいっていますが、自覚者の独立独歩の、そのところに本当の学問や修行があるわけでありまして、群衆と流行・俗流に負けて己を失い己を閑却する——自己疎外になずむ間は、世の中は決してよくなるものでありません。

私ども師友会の意義・使命は、己自身がこうした学問をしてまず己を作ることによって一燈を点じ、それをしだいに増やして万燈遍照にするというところにあるわけで、学問・修行—ひいては危機に瀕する現代に処する態度としては、こういういき方が最も堅実で、長い眼で見ると最も有力なことだと信じております。

こうしてお話をしておりますと、誠に限りがありませんが、すでに今日も暮れてきたようでありますので、この辺で終ることにいたします。（昭和四十五年十月）

明治・大正・昭和三代の推移と今日明日の責務

郷学と明治維新

私は戦後、とくに「郷学」というものを奨励してまいりました。「キョウガク」と申しますると、たいていの方は「教える・学ぶ」の教学と受けとられるのでありますが、私が提唱してまいりましたのは、郷土の学問――故郷の「郷」と学問の「学」の郷学であります。

徳川時代を通じて考えますと、いわゆる三百諸侯、二百六十余藩がおりまして、これがそれぞれ小日本を作って、そうして大日本が出来ておったわけでございます。このことが、たいへん日本にとって幸いいたしまして、明治維新が首尾よく出来たわけであります。この各藩がそれぞれ個性をもっており、それぞれの特質にしたがって学問・教育・信仰を育てました。そこで中央の幕府政治やその支配階級が頽廃・堕落いたしましても、日本全国いたるところに、これを「維新」する原動力が潜在しておったのであります。このおかげで、何百年来養われてまいりました神道・国学・仏教・儒教等を通ずる精神生活——その信仰・識見・気魄・情緒というようなものが、幕末・明治に大きく花を開いて、世界の奇蹟といわれるような維新ができたわけであります。これがありませんでしたならば、明治維新は諸外国におけるような革命になって、たいへんな民族的悲劇を演じたでありましょう。そういう意味におきまして、日本に各藩があった、そこに藩学・藩教があったということ、そのほか野においても儒教の塾とか、仏教の寺院とか、神道の神社とか、そういういろいろなものがあり、それに伴う信仰・学問・人物があったことが、大変役に立ちました。これらを称して郷学——郷土の学問というのでありまして、これを新しく取り上げて、盛んにすることが、今日を救い明日に役立つ最も確かな原動力になるということを考えまして、私は熱心に奨励してまいったのであります。

中には戦後の思想や運動が流行しまするにつれて、「今時、日本の郷学——郷土の学問なんというケチなことを考えて何になるだろうか。ずいぶん後向きの・時勢後れの話じゃないか。世の中は国際的あるいは宇宙的になろうとしておる、インターナショナルとか、グローバルとか、コスミックとかいうものになりつつある時に、何という時代錯誤だ……」

こういうような、誠に軽薄なことを、いわゆるジャーナリスト、あるいはとくに左翼の思想家や学者が申すのを、時おり耳にいたします。しかし私をしていわしむれば、これは誠に軽薄な考えであります。一を知って二を知らざる考え方でありまして、世の中がインターナショナルになる、グローバルになる、コスミックになる、言いかえれば、国際的になり宇宙的になればなるほど――民族的あるいは個性的――ということが必要なんでありまして、最も民族的であり、個性的であってこそ、初めてよく真に国際的でも、宇宙的でもありうるのであります。先刻、陽明学という言葉がご紹介の中に出ましたが、陽明学の精神の一つはやはりここにあるのであります。

むつかしい理屈は抜きにいたしまして、国際的に人と付き合ってみると、いいかげんな観光旅行ではしようがありませんが、少し深く人間的に触れ合ってみますと、これはもう明白なことであります。外国人と本当に仲よくなる、親しくなるというのは、どういうことかといいますと、たとえば、イギリスなり、ドイツなりの外国へまいりますと、最もイギリス的、最もドイツ的である人が、最も日本的である人を敬愛いたします。どこの人間やらわからぬような――俗に世界市民といいますが――こういう者がゆきましても、誰も相手にしません。これがちゃんと、先ほど申しました原理を具体化しておるのであります。

個性的であるほど普遍的

戦前のことですが、その頃各府県には、それぞれ学務部長というものがありました。あるとき文部省が学務部長会議を開いて「どうもこの頃、教育がだんだん功利的、理知的になって、宗教心というもの――信仰・道徳が、とかく閑却されるようになってきた。これはいけないことで、今少しく各学校において宗教教育を加味するように、学務部長にご配慮を願う」という申し入れをいたしました。部長さんたちは皆、それぞれこれを諒として、帰って配下の学校長を集めてこの旨を伝えました。そうしますと、しばらくしていろいろの現象が出てまいりました。ある学校では、校長先生が盛んに座禅を奨励する。ある学校では日蓮宗の熱烈な校長さんがいて、法華経の提唱をする。ある学校では校長先生がクリスチャンで、キリスト教の講義やら儀式やらを取り上げる。こういう現象が現れて、ぼつぼつ物議を醸したそうでありまして、そうすると、今度はまた文部省が中等学校長会議を開きました節、校長先生たちに、宗教教育を加味することは結構だが、一宗一派に偏しては困る――こういう訓示をしたそうであります。

校長先生、これもまた了承して散会したそうでありますが、そのお流れ――いく人かの校長先生方が私のところにこられまして、その報告の果に「実は困っているのですが、教育に宗教を加味しろ、しかしながら一宗一派に偏してはいけないということになると、いったいこれは具体的にどうすればいいんでしょうか。座禅を奨励してもいかん、神《ゴッド》に祈りをさせてもいかん、南無妙法蓮華経もいかんということになり、しかも宗教教育ということになると、宗教とは何ぞやというような宗教学概論とでもいうようなものを教えるんでしょうか」——まあこういう質問です。「後になってわれわれが相談をしたことですが、当局の指示が、何やら雲を掴むようでわからなくなりました」というわけです。

もっともなことでありまして、これが人間の概念や形式論理の危ないところであります。これは、理屈をいうよりも、具体的に置きかえて考えればすぐわかることなんです。たとえば、文部省のお役人が学校を視察にきて「どうもこの頃学校を見て回ると殺風景でいかん。もう少し木を植えるようにしたらどうだ」と、こういう批評があったとします。ごもっともというわけで、ある校長は雪中の松柏で、大いに学校に松を植えた。ある校長は敷島の大和心で桜を植えた。ある校長はまた、その風骨を愛して——先ほどの話ではありませんが——大いに梅を植えたということになると、今度はまた文部省の役人がきて「木を植えることはいいが、一草一木に偏してはいかん」と、こういったのと同じことであります。

松でも梅でもない、何でもない木を植えればよいのかということになりますが、何でもない木というものはないわけですね。「木」とは、あらゆる個性的な木の普遍的概念でありまして、論理的にはございますけれども、現実――実在としては「木」というものはないわけです。それは必ず松であるか、梅であるか、桜であるか、何かでなければならぬ、何かであるのです。「木」とは松や梅や桜やあらゆる個々のものを通称する一般概念にすぎないのであります。それはちょうど国際人であるとか、世界人であるとかいうのは、一般概念であって、日本人でも、ドイツ人でも、イギリス人でも、何でもない人間というものは現実にはないのです。

初めに話しましたように、最も日本的な人間と、最もドイツ的、最もイギリス的な人間とは、すぐ共鳴できるのです。けれどもいったいどこの人間やら、国籍不明のような人間は、どこへいっても相手にされません。面白くない。それと同じことでありまして、真に一般的、普遍的、したがってまた、抽象的、論理的な学問をしようと思いますれば思いますほど、実は個性あり、生命あり、特色ある性格や教養がありませんと、何にもならないのであります。明治維新を例にとりましても、薩摩あるいは長州あるいは土佐、それこそ大垣でも、名古屋でも、どこでもそうでありまするが、各国各藩の最も代表的な、個性的な、優れた人々が、最もよく共鳴し合って日本のために一致協力して、日本国の、今日でいえば象徴すなわち天皇を奉じて、あの維新の大業を成し遂げたのでありまして、このことは今日の文明についてもいえるのでありまするが、今までのわれわれは、それぞれ地方の村落生活、町村生活を営んでおりました。この自然と結びつき、祖先と結びつき、したがって、個性的な特色をもった町村というものが、しだいしだいに近代文明の中に育ってまいりまして、そうしてそれらの町村がそれぞれ市となり、また市がしだいに大きく拡張されて大都市というものになります。

都市化と人間の頽廃

日本いたるところ「メガロポリス」という、東京とか、大阪とか、名古屋とか、博多とかいうような大都市が出来ました。これがたいへんな進歩だといわれております。そこで田舎というものはしだいしだいに顧られなくなってきたのでありますが、メガロポリスの前に「メトロポリス」と申すものが出来まして、これがたいへんはやりまして、あっちにもこっちにも大都市ができました。しかもそれがまたしだいにその近隣の都市と接続してしまいまして、大接続都市になりました。これを「メガロポリス」と申すのであります。

今世紀末になりますと、およそ日本の本島は一大接続都市になってしまいそうです。高速道路やら、新幹線やら、いろいろなもので結びつけられて、おそらく日本全人口の八十％は、この一大連続都市に吸収されるだろうと予想され、これを「エキュメノポリス」と申します。この言葉は、まだ日本ではあまり皆さんの眼にはとまらぬようでありますが、ヨーロッパやアメリカでは始終使われている言葉であります。「エキュメノ」あるいは「エキュメニック」とは、「世界的」とか「普遍的」とかいう言葉であります。国全体が一つの大都市のようになるのが「エキュメノポリス」ということになります。

ところがメトロポリスがメガロポリスに、メガロポリスがエキュメノポリスになるにしたがって、だんだん個性というものがなくなり、したがって生命が乏しくなって、一つの複雑な、殺風景な、雑駁な共同生活体になる。徹底していうなら、人間世界がまるで大きな鳥小屋か兎小屋みたいになってしまう。恐るべき大衆の雑然・紛然たる群居になってしまって、そこには何ら人間的な情趣、生命というようなものがなくなっていく。つまり非常に荒んでいく。そこから人間が頽廃し、あらゆる犯罪が行われ、都市は発達するけれども、人間は機械化し、動物化し、ついには破壊してしまうのではないか、こういうことが、今や世界の文明国であればあるほど共通の悩みになっております。その最も代表的なものの一つがわが日本であります。

そこで、この頃は「都市学」というものが専門的にできてまいりまして、こういう都会——都市というものをどうすればよいかという研究をしておるのであります。これが世にいう「未来学」というものと結びつきまして、これらの学者たちがいろいろ結論や希望を出しておりますが、それは、この激増し発展してゆく大都市化、メガロになりエキュメノになってゆく中にあって、懸命に反省し調節して、何とか人間生活というものを、もっと真実にし、豊かにし賢明にするような中核的、革新的な隣保を作る、つまり細胞組織を作る、今日これを一番問題にいたしております。このまた中核が家庭であります。これ以上、家庭というものが機械化し空虚なものになってしまうというと、つまり各家庭から、さらにこれ以上人間味をなくしていくと、結局人間の滅亡であり、文明の破壊である。そこで今後家庭らしい家庭というものをどうして復活するか増加するかが、新しい真剣な問題となっておるのであります。

これと同じことで、つまり隣保組織、ということは昔とは形においていささか違っても、実質においては同じ隣保あるいは郷土というものを新しくどう作ろうかということでありま す。これらの学問を称してプロクシミクス（Proximics）と申しております。何と訳しまするか、「隣保学」あるいは「善隣学」とでも申しますか、そういうことになっておるのであります。今日のような状態を、無反省に性急に続けていきまするとあるいは日本も今世紀の終りには悲惨なことになるのではないか、という危惧がもたれるわけであります。

そこでわれわれは、いまさらのごとく郷学というものを――いままでの郷学よりはもう少しく内容を現代にふさわしく適用いたしまして――やるべき時であると思うわけです。もちろん昔は昔、郷学にはそれ相当な経綸というものも講ぜられていたわけでありまして、たとえば小原鉄心は、この大垣というものをいかに立派な土地にするかということについて、藩政の上にたいへんな苦労をした人であります。明治維新に、その人物業績が見込まれて、新政府の要路に立ったのでありまするが、不幸にして、明治五年にもう亡くなってしまわれたのであります。今日、小原鉄心のことを考えながら、名古屋から車でまいりまして、ここにきてみまするると、三十年前にまいりました大垣とは非常に違っておる。これは発展といえば発展であります。しかし、この発展は果して百%進歩と称していいかどうかということになりますと、それは先ほど申したような都市学・未来学の現に指摘するところでありまして、大いなる反省警戒を要することであります。こういうことを考えて、真剣に歴史に帰って、人間のために尽した歴史上の偉大な先賢・先哲を見直して、これをわれわれが新しい歴史を創造していく上の動力にする——こういう意味の郷学が非常に大切だと存ずるのであります。

思考の三原則

明治の日本が今日の日本にまで到達いたしました百年あまりを反省しても、このことがしみじみ味わわれ、限りなく考えさせられます。これは皆さんのご参考にしていただきたいのでありますが、私は機会あるごとに思考の三原則とでも申しますか、われわれがものを考える上の三つの原理・原則というものを指摘いたしております。

第一は、何事によらず、ことにむつかしい問題であればあるほど、できるだけ目先にとらわれないで、できるだけ**長い眼で見る**、考えるということであります。

第二は、なるべく一面にとらわれないで、**できるだけ多面的に**、できれば全面的に考察するということです。

第三は、物事を、なるべく枝葉末節にとらわれないで、できるだけ**根本的に考える**ということであります。

この三原則、むつかしい問題ほど、これを忘れてはならない。

長い眼で、多面的あるいは全面的にまた根本的に物事を見ようと思うと、その問題にとらえられず時にこれを超越しなければいけません。問題の中にとらえられておったのでは――渦中にはいっておったのでは本当のことはわかりません。ものを一面的にあるいは目先で考え、また枝葉末節をとらえて考えるのと、長い眼で、全面的、根本的に考えるのとでは、往々にして結論は正反対になることは、どこにもありうることであります。

そこでむつかしい問題ほど、われわれは長い眼で、多面的に、できれば全面的に、根本的に考えることを心がけて、これを応用しなければなりません。今日たいていの議論家というものは、とかくものの目先を、あるいは一面をあるいは枝葉末節をとらえて批評しがちであり、議論しがちであります。そこから無用の争いを起したり、あるいはとんでもない間違いをしでかしたりするのであります。

私どもは今日、いろいろの問題をかかえておりまして、世間が終戦以来今日くらい物論囂々《ごうごう》たる時はなかったと申してよいでありましょう。しかし物事を目先で見て、それぞれその一面をとらえて、枝葉末節的に論争したって問題は解決するわけではありません。いたずらに紛糾するばかりで、結局は混乱に陥るにすぎない。

そういう意味でも今日、少なくとも終戦以来、できるならば百年――先日ご当地で小原鉄心の百年記念祭が行われたそうでありますが——即ち明治の初めに帰って、明治・大正・昭和という三代を通観していく——省察するということが、大変必要であろうと思うのでありますす。しかしこれを通観しようと思いまするが、大変な問題でありまするが、それを今申しました三原則を忘れないで、一応何とかできる範囲内でたどってみますと、皆さんのご参考になろうと思いまして、かりに掲示のような題をお知らせしておいたのでありますが、先ほど申しましたように明治維新は世界の諸外国の識者が「世界の奇蹟」とまで感嘆したことです。これは何によってできたかといえば、百年、二百年にわたって、当時の先輩が国学・神道・儒教・仏教といったような、いろいろな信仰や学問によって、人間を作っておったということの、非常に尊いおかげをこうむったということであります。

「人間」を忘れた大躍進——明治の新建設期

さて日本は明治時代に大変な飛躍をいたしましたが、この時に、日本の政府初め国民が一つの根本的に大事な問題を粗略にしたということを考えなければならない。それが今日、非常に参考になるのです。

それはどういうことかというと、明治の一つの大きな驚異は、いうまでもなく、ペルリの来航を初めとしまして、日本人が長い鎖国生活をしておる間に夢想もしなかったような近代の科学技術文明――その威力を象徴する軍艦、大砲等々、そういうものを見せつけられて、その威力に非常に驚いたということです。そこで文明というものはそういうものだと思い込み、わが国はそういうものをもたないので、何とか急いで西欧に追いつかなければならぬ、できればこれを凌がなければならぬというわけで、かつてフルシチョフは「追いつけ、追い越せ！」と申しましたが、幕末から明治にかけて、とくに明治の新建設期に入ってからのスローガンは、ちょうどその通りに表現出来ることであります。

毛沢東は、同じように建設に焦りました。その毛沢東の掲げたスローガンの、最も有名なのは「大躍進」ということであります。ところが今日の中共は一向に大躍進しませんで、躍進しかけては後戻りし、混乱し、今や「文化大革命」と称しながら、文化大破壊に陥ってしまって、悪戦苦闘し、いろいろと謀略を凝らしておることは、皆さんもご覧の通りでありまするが、その中共が今世紀に為しえなかった大躍進を、明治維新は、みごとにやってのけたわけであります。これはまさに世界に誇るべきことでありました。

しかし、この「追いつけ、追い越せ！」の大躍進が、どうも人間のすることでありまするから、ただ今の三原則で観察いたしますると、重大なものを落した。それは何であるかというと、何としても大躍進をやるには教育が大切である。教育を盛んにして新しい人材をどんどん作らなければならない。それには西欧に負けない大学を作らなければならぬ。しかし一ぺんに大学は作れぬので、それには予備校が要る、高等学校が要る、中学が要る、小学校が要るというわけで、小学校から大学まで、専ら知識技術を主とする教育になってしまった。人間を養う、道徳を磨くというような人格教育——精神教育というものは、いまさら取りたてていわなくてもよいものと考えた。まあそこまではよいですけれども、それが一つ間違うと、そんなものはどうでもいいということになって、全く忘れられてしまう。そうして、英語が出来たり、数学が出来たり、物理、化学が出来ればそれでよいということになる。あるいは法律万能ということになる。近代科学教育、功利主義教育——学問というものが万能になります。事実その通りになったのでありまして、その意味では確かに多くの人材が輩出いたしました。

ところが、明治天皇がすぐこのことにお気付きになりました。名高い元田永孚《えいふ》先生の『聖諭記』というもの、帝国大学の卒業式に行幸になった後、天皇がおっしゃったお言葉が記されてあります——世に知られております。その陛下がご心配になりました通り、人間精神・人間道徳・われわれの性格・われわれの行動、われわれの心身の学問・道義の学問というものが、その頃からなくなってしまった。非常に功利的、主知的、形式的な学問になってしまった。

知識・技術の進歩と徳性のアンバランス——日露戦争から第二次大戦まで

人間には、根本的な意味において二つの要素がございます。それは本質的な要素——つまり、これがなければ人間の形をしておっても、本当の人間でないという要素と、それから附属的要素、あればあるほどいいが、誰だってある程度はもっているもの、程度の差であって、結構なことには違いないけれども、これを要するに付属的だという要素、それは知能とか才能・技能というものであります。

これによって知識や技術が発達する。大変結構なようであるが、こういうものは程度の差により多少乏しくったって、人間たることに差支えはない。また、知識や技術が進歩しても、それだけでは人間たることの本質においてすなわち徳において別に寄与するところがない。どうかすると、むしろ徳を傷つけることさえある。そこでこれらは、いくら必要であっても、いくら立派であっても、人間としては属性的なものである、付属的なものであります。

それからもう一つ大事なのは、習慣・躾というものです。これは徳に準ずる本質的なものであります。

知識や技術というようなものが進歩すればするほど、人間の特性というものが磨かれなければならぬ。よい習慣、よい風俗が作られなければならない。このバランスが崩れて、たんに知識や技術の方にばかり偏しますると、人間の特性というものが無視されるので、いろいろの思わざる弊害を生じてくる。その根源が明治時代にしだいしだいに潜伏、培養されたのです。これはいち早く、日露戦争後に現れてまいります。

そこで明治四十一年「戊申《ぼしん》詔書」というものが発布されまして、これが日本にとって非常に救いになったわけであります。昭和四十三年、その戊申から一回り――六十年目の戊申を迎えたわけでありましたが、日露戦後その明治三十九年頃から明治も末期的弊害が現れてまいりまして、それが大正の第一次世界大戦で決定的に暴露されたわけであります。なぜそうなったかというと、第一次世界大戦は、第二次世界大戦と違ってヨーロッパの戦争によって、日本がたいへん漁夫の利を占めて、好景気に見舞われ、日本に初めて「成金」というものが出来た時代、国を挙げて「飲めや歌えや」、好景気に酔った時代、これが大誘因であったのです。

人間が出来ておらないで、こういう環境や経済に恵まれますると、必ず堕落するものです。これは歴史上先覚者達によって限りなく指摘され、警告されておることです。

この第一次大戦で、大変な景気に浮かれたということが、日本の国民をどれくらい堕落させたかわかりません。それを引き締める国政——すなわち達識の政治がなかったといいますか、手が及ばなかったといいますか、これに煽られまして、どうしても日本はこれ以上放っておいては自家崩壊をする。何とか日本の国民をもっと奮い立たさなければならんという、「昭和維新論」というものが盛んになってまいりました。この昭和維新論というものが、まず内攻いたしまして、すなわち日本国内に中毒症状を起しまして、日本の国内に非常なテロが起りました。と同時にこれが外に発しまして満洲事変となった。このときに日本の国民、当事者となった指導勢力に、幕末明治維新のときのような教学・精神・道徳・識見の優れた人々があって、これらの人々が指導いたしましたならば、大いに変ったのでありますけれども、残念ながら、当時、非常に唯物的、功利的になっておりましたので、日本の大陸発展は、先方の民族に大変な反感・憎悪・怨恨を醸しました。そしてこれが、勢いの激するところ、ついにシナ事変となり、大東亜戦争となりまして、わが日本は、ある意味において赤手空拳よく世界を相手にして戦った。その点はさすがに日本民族で、世界の識者も一面において驚嘆したのでありまするが、しかしこんなことは長く続くものではない、やがて刀折れ矢尽きて空しく終戦を迎えた。この終戦を迎えて、日本人が新たに発奮して、深い精神的反省——修養することができれば、今日また別の日本が出来ておったのでありますが、どうもそれが行われなかった。

戦後の混乱の芽は占領政策

これには占領軍の政策も大いに祟ったのであります。この占領軍が日本占領中に施した対日管理政策というものに対しては、連合軍、アメリカ人の間にもかなり批評がありました。これは文明国であるアメリカのなすべきことではないと考え、向こうの良心と識見を代表するような人々が、さすがにおりました。その中の一人、私と不思議に肝胆相照らし、意気投合した外交官もおりました(この人は殺されたケネディ大統領の親友でありました)。占領軍の対日政策を慨歎し、また日本国民のこれに対する迎合に愛想をつかして、駐日大使館の要職にあったのですけれども、辞表を投げつけて帰ってしまいました。未だに時々私に手紙を寄こします。

この占領軍の対日管理政策の当事者の中には、左翼系統の人物がずいぶんきておりました。彼らは左翼的な政策、つまり共産化政策の試験台に日本を乗せまして、天皇制の廃止から始めて、いろいろさまざまな施策を出しました。その占領政策を巧みに評した言葉がありますす。外国人の言葉でありますが、われわれ同人は皆よく知っておるもので、三R・五D・三S政策と申します。

三Rというは、占領軍の日本管理の根本の原理三ヵ条であります。

第一は、とにかく思い上って、ここまで自分たちに手向かった日本を膺懲してやる、復讐するという Revenge の頭文字のRです。

その次は、そこで日本を思いきって解剖してやる、組み直してやる、作り直してやる、再組織するという Reform のRです。

最後は、しかも抹殺しないで——一時は日本抹殺論がずいぶんありましたが、それは非人道的であるというので——復活さしてやるという Revive のRであります。

そしてこの三原則を実行する大きな手がかりが五つある。それが五Dです。

その第一は、武装解除 Desarmament のD。

第二は、軍国主義の排除 Demilitarization のD。

第三は、これをまかなった工業能力を抑制するという意味の Dis-industrialization のD、これで日本人は非常に経済的に圧迫されたわけです。

そして、第四は、経済といわず、政治といわず、教育といわず、すべてを解体して、中心を取ってしまう。中心は Center ですから De-centralization と申します。そのDです。この頃センター・センターというのがいたるところにできますが、これは、当時のこの政策に、日本がしたたかまいって、自由を復活すると同時に、本能の要求とでも申しますか、どこからともなく起ってきたわけでしょうが、これで政治的、行政的には内務省をなくしてしまい、国家警察をなくしてばらばらの自治体警察にしてしまう。財閥を解体してしまう、どれもこれも十九万五千円の小さな会社にしてしまう――こういう政策です。

最後の第五が、日本のいままでの教育・精神を解体して、アメリカ流の民主化をやるという Democratization のDです。天皇を象徴にし、教育勅語を廃止し、これに反対する代議士などは皆、睨まれて、縮み上って同意したわけであります。それから、日本の歴史教育・道徳教育・修身教育・地理教育まで廃止いたしました。そしてすべてアメリカ流の教育を施した。これが実にこたえました。皮肉にいいますと、今日の日本の、実に何とも評しようのない乱脈な、彼らのいうところのナンセンスな、しかして恐るべき破壊的なこの状況というものは、そのもとづくところ、実にここにあるのです。根本的に観察いたしまするところに一番大きな根がある。そういう意味で、皮肉にいえば、占領軍の当初の意地の悪い連中が施した対日管理政策が、今花を開き実を結んだといってよろしい。

経済「中毒」の戦後日本

ところが、それにもかかわらず、取りあえず日本は、何とか経済を復興しなければならぬというので、国の――国策のすべてを挙げまして、経済復興ということに血道を上げました。明治維新であったら、こうはしなかったろうと思うのです。方々に例がありますが、幕末維新の動乱に大破壊を受けたところがたくさんあります。そういうところで、最初に――偉い人がいたところほど――行われたことは精神の復興です。小原鉄心のごときもその点では非常に識見がありました。もっともここは一応京都方で、破壊をこうむらなかったのですが、たとえばこの頃河合継之助がはやりまするが、あの長岡のごときは戦闘で大破壊を受けました。この時に長岡には小林病翁というような、河合と並び称せられた英傑がありましたが、これらの人々が廃墟になった長岡であげた第一声は、人民の代表を集めまして『論語』の講義を始めたことであります。まず国土が廃墟になった戦争の反省と、今後の復興の心構えというものを、『論語』の講義に託して、第一声をあげました。こういう例はいたるところにあります。「われわれは食えないんだ。飲めないんだ。何にもないんだ。とにかく経済だ」という考え方とは違う。経済はあくまでも必要であるけれども、経済を復興させようと思えば思うほど、心構えが必要だということになければならんのですが、その点、戦後の日本は、やや、否、大いに抜けております。生産の奨励、所得の倍増、いままでなしえなかったいろいろな享楽の追求、そういうことに驀進いたしました。

こういうことも本来なかなかうまくいかないものなのですが、日本人は非常に運がよくて、終戦後、アメリカがいろいろと日本のために助けてくれました。その結果生産もやや興ってきましたが、いろいろ経済的な行詰りが生じて、青息吐息になっておりました時に、朝鮮戦争が勃発いたしました。一九五〇年、中共がお尻をひっぱたいて、北鮮軍を駆り立て、南鮮侵略をしました。あわよくば日本に上陸しようとしたんですが、この朝鮮戦争のおかげで、日本の滞貨が一掃され、日本の経済は大いに活気づいたのです。それが始まりで、近くはベトナム戦争でもそうであります。これは、あまり大きな声ではいえないことなのですけれども、ベトナム戦争のおかげでどれくらい日本が金を儲けたか、毎年少なくとも十億ドルくらいは稼いだわけであります。こういうことが、日本人を精神的に非常に荒ませまして、それが今日の災いになっております。生活が豊かになるとともに、今度は精神的欠陥というものが、ますます作用を強くするのであります。進歩のあるところに、常にこういう副作用が強い。

「中毒」という言葉は、大変面白い言葉でありまして、「中《チユウ》」という文字は「ナカ」という文字ですけれども、その本当の意味は対立・相剋・矛盾するものが調停され、統一されて、一段と高いところに進むという論理学の弁証法的な意味を表すものです。だから「中する」ということは、進むという意味、進歩向上という意味であり、それがある目標に到達する時には、「アタル」と読む。矢が的にあたるというときには、この「中」という文字を書きますね。つまり的中です。しかし、進歩に伴って必ず副作用――即ち悪い意味の「アタル」がある。これが「中毒」という現象です。ですから「中」には「進歩」「的中」の意味の「中」と「中毒」の意味の「中」と二つあります。これは進歩に伴って生ずる、最も警戒を要することであります。

われわれの身体で見ますると、生理・病理がそれを現しておる。われわれの細胞というものは、もともとimmortalなもの――不死のものです。ところがなぜ細胞は死ぬのかというと、医学者の説明によりますと、これは一つは、ある程度以上の怪我をすること、これで生命を失う。もう一つは中毒であります。細胞が発展していく上に起す中毒作用、この中毒は進歩的なものほど強い。人間の生理機能は自然が巧みに創造してくれておりまするが、神経系統とか、あるいは内分泌系統とかいうものがありまして統制・調和の作用を営む。ある種の細胞は馬鹿に増長する、ある種の細胞は萎縮するというように、アンバランスが生ずる。それを統制・調和してまいります。ところがこういう神経系統とか、内分泌系統――ホルモンというのは、この主要なものでありまするが――こういうものは非常にデリケートなもので、あたりやすい、つまり中毒しやすい。進歩的なものほど、発展的なものほど中毒性が強い、中毒しやすいのです。これは喰いものでもそうでありまして、美食するほど中毒しやすいのです。また安逸というような快楽的なものほど中毒しやすい。人間は金・金といって金に憧れますが、金をもつほど中毒しやすく、堕落しやすい。病気になりやすい。地位・名誉というようなものが出来るほど、ますます堕落しやすくなります。経済の繁栄というものは、その点において最も警戒を要するものでありまして、経済というものを、物質的、功利的にのみ考えて、これをいたずらに発展させますると、必ず中毒が強くなる。そうすると経済というものは自殺的になる。日本が戦後経済偏重に走ったことは明らかな事実であります。それだけに非常に早く経済に中毒症状を起し、その中毒症状が、日本の国民生活に多面的に瀰漫《びまん》してまいりまして、とくに精神的に非常に強く作用しました。そして恐るべき今日の日本の国情を生んでおる。これを救おうと思うと、たんなる目先の手段・方便ではいけません。やはりどうしても日本の国民の精神生活——国民の道義精神というものに立ち返ってきませんと、決して救われるものではない。これは世界の歴史とその哲学が、明瞭に深刻に結論を出して教えてくれておるところでありま す。（昭和四十六年十月）

人物・時世と学問・教育

人物・時世と学問・教育

——六つの憲章——

眼前の現象にとらわれてはならない

承りますと、まことに早いもので愛知県師友協会が出来てから、十三年目になるそうであります。その間に、あるときは本県出身の偉人の一人である細井平洲先生についてお話ししたり、あるときは私の抱いておる健康の理論や、私の行じておるその具体的な実例についてお話ししたり（『身心の学』黎明書房）、あるときは『論語』の中から現代に切実な箇所のいくつもを選んでお話ししたり、いろいろと行じてまいったのでありますが、その多くは同時に、今日の時局に関する忌憚ない報告や所見や観測などを活きた注にしてまいったように記憶いたします。

今回も、みなさんご覧の通りの紛争動乱でございますので、この時局がどうなってゆくであろうか、大きくいえば日本の運命はどうなるであろうか、そういう点を考慮してまいりたいと存じます。しかもこれは結局において、やはり日本人の中の志ある人々が、それぞれ自分の問題として考え、かつ行じてゆくよりほかに解決の道はないという意味において、私が工夫して創ってみました六つの憲章——児童憲章・学生憲章・父母憲章・教師憲章、それから重役憲章・国会議員憲章というものを取りあげてお話しいたします。ただしどの一つを取りあげましても、詳しくお話をするということになりますと、なかなか時間を要しますので、とくに大切な点に触れるだけに留まるかも知れませんが、後は一つ、皆さんご自身で熟読していただき、また批判していただきたいと存ずるしだいであります。

この時局がどうなるかという問題は、日々のマスコミ、あるいは講習会・講演会・報告会など種々の会合を通じて、皆さんがもう十二分に経験しておいでになることであります。率直に申しますと、皆さんもご異存のないところでしょうが、これはそう簡単に片付く問題ではありません。おそらくは、もっともっと厄介なことにならなければ収まるまいと思われるのであります。それは一朝一夕の出来事ではなく、その由ってきたる所以《ゆえん》のははなはだ久しく、かつ深いものでありますから、そう簡単にはどうにもならない問題でありまして、長い間の病気と同じことで、それくらいのことはわれわれの覚悟しなければならないところであります。その意味から申しますと、もはや日本はどうなるかではなく、日本をどうするかということが問題で、われわれお互いがこれを自分の問題として考え、かつ分に応じて行じなければならないわけであります。

ただこれらの問題を考えるに当っては、眼前の個々の現象にとらわれないで、少しく思索の原理・原則にもとづいて考えることが大切です。そうすれば自ずから、どうなるであろうか——したがってどうしなければならぬかという結論も出てまいります。とくに私など数十年来、国家・民族の栄枯盛衰の理法、興亡の哲学というようなものを専攻してまいりましたので、その意味から申しますと、何か非常にはっきりしたものも考えられるわけであります。

先刻も青年の方が触れられたことですが、われわれの思索の原理には三つのものがございます。

第一は出来るだけ眼前のことにとらわれないで、長い眼でものを見るということです。

第二は出来るだけ一面観に限られないで、多面的——全面的に考察するということです。

第三は出来るだけ枝葉末節に拘泥しないで、根本的に考えるということです。

われわれがいわゆるインスタントに、目先だけで、極めて短い区切りで考え、一面観で考え、枝葉末節にとらわれますのと、これに反して長い眼で見、多面的あるいは全面的に見、根本的に見るのとでは、場合によって結論が正反対になることも珍しくありません。そこでわれわれは常にこの三原則に則って、出来るだけ長い眼で、すなわち歴史的に、そして多面的に、出来れば全面的に、そして根本的に考える、こういうことを心がけなければなりません。すると、どんな厄介な問題でも、自ずとほぐれてまいりまして、それ相応の答が出てまいるものであります。そうなると、どんな問題でも決して珍しいことはありません。たいていは案外に早くから、また案外にたびたび経験され、論評されてきたものばかりであります。そんなに特異な、珍しい現象というもの——問題というものはないわけです。そこでつくづくと、「歴史は過去の例証より成る哲学だ」というような先哲の言葉にも首肯できるしだいであります。

ごく卑近な例をとりますと、今日の新聞を見ても、雑誌を見ても、そのほか何を見ても、まず眼につくものはセックスの問題——エロティシズムの問題であります。こんな馬鹿げた、腐った、ふざけた時代があるものかと、真面目な人はみな考えるでありましょう。いま申しているのは第二次大戦後の現象なんですが、第一次大戦後の有り様がやはり同様でありました。

私どもはちょうど高校生・大学生という多感な時代に第一次大戦の戦中・戦後を体験して、生々しい記憶をもっておるのでありますが、その第一次大戦後、戦争による荒廃と混乱と堕落の中から、いろいろな懐疑的、否定的、反撥的、反体制的——すなわち闘争的、革命的、あるいは虚無的な、あらゆる思想と運動が抬頭し、それが滔々として日本にも流入してまいりまして、それまでの日本人が、聞いてはおっても、読んではおっても、まったく経験したことのない社会問題が続発したのです。それが昭和となって、今日とは別な意味の反体制的革命運動へ発展あるいは横流したわけでありますが、その大正末期から昭和初期にかけての、すなわち第一次大戦後の日本の頽廃・混乱した社会民衆の風俗や心理を表す有名な言葉が、未だに残っております。

エロ・グロ・ナンセンスがそれです。

そういう時代になりますと、まず最初に現れてきますのがエロティシズムというものです。ところがしばらくすると、それにも飽きてくる。そういうものにも満足出来なくなって、もっと違った、もっと野性的な刺戟を要求するようになる。どちらかというと、変態的な刺戟を要求するようになる。それが「グロ」——グロテスクネスというものです。たとえばその頃、知識階級・上流階級にゆくほど、愛犬趣味というものが流行しました。この頃また、犬の趣味が大変普及しておりますが、その頃も大いにはやったものです。その当時、そういうクラス、すなわち知識階級・上流階級の間で一番のペットになったのがチンであります。チンクシャという、あのチン(狆)ですね。ところがしばらくすると、このチンが面白くなくなって、そこに新たに登場してきたのがブルという奴、それこそグロテスクな顔をしたあのブルドッグという奴です。それに伴うて国粋趣味の方では、土佐犬とか秋田犬とかが登場してまいりました。人間でも、それまでのエロティシズム万能の時代には、男ぶりのいい、俗にいう色男の役者・俳優などがはやったものです。ところが間もなくそんな色っぽい、柔弱なものははやらなくなって、少しグロテスクな役者がはやるようになりました。もう名前など忘れてしまいましたが……そうそう、松之助とかバンクロフトなんていうのがおりましたね。まあ、そういうのがはやるようになりました。今日でも、そういうのがはやりだしてきていますね。ところが、これも要するに変態的現象であって、生命の正しい姿ではない。だからやがては、こういうものも飽かれるようになる。そうすると、エロでもない、グロでもない。では何を求めるかというと、これはもう非常に精神的なものでなければならぬことは、いうまでもないところですが、頽廃してしまった民衆の感情や心理に、厳粛な精神的なもの——修行・鍛錬・陶冶に待たねばならぬもの、そういうものが扱われようわけはありません。要するに戦後の頽廃・混乱の中から生じた変態的現象でありますから、結局のところはナンセンスということになる。

エロもナンセンスなら、グロもナンセンスということになる。

このエロ・グロ・ナンセンスというものは、これを古今東西に徴しますと、少しも珍しいことではない。これはもう必ずといっていいくらい、繰り返し繰り返し現れていることであります。ただ今はまさにエロからグロに移りつつある時代、そしてもうそのいずれもがナンセンスだという時代です。それはあの全共闘その他の暴力学生が絶えず口にしてきたことでありまして、彼らは何かといえばナンセンスという。教授をとらえてはナンセンス、批判を聞いてもナンセンス、何でもかんでもナンセンスで片付けておりますが、その彼ら自身がまたナンセンスであることは、もはや誰にも異論のないところです。まさにナンセンスの時代ですが、これは上述のように歴史上繰り返し現れてきておることで、要するに一時的、過渡的な現象であることだけは間違いありません。

昨日もアメリカからまいった二、三のお客と話をしていたんですが、彼らが面白いことをいっておりました。日本でもこの一両年来、大変流行して大きな問題になっておるものに、新宿あたりにとぐろを巻いておるヒッピーとか、フーテンとか、ビートルズとかいう連中の合唱するフォークソングがありますが、アメリカあたりでは、このフォークソングでも飽き足らぬというので、この頃では楽団——バンドですね——にも、ゴリラバンドてな奴が出てきているそうです。面白いですね。こうなると、エロからグロへとはっきりと移ってきているわけです。名前からしてゴリラバンドなんて異様ですね。それにあの異様な風体、あれはまったくのグロでありますが、このままゆけば時代は崩壊するほかないのです。だがよくしたもので、そこから常に何か新しいものが生れてくる。そこにまあ必然的な発展があるわけでありまして、それがなければ、わが日本にしても、これで崩れ去るほかないわけです。

ところが、この文明世界の諸国——諸民族は、まだ容易に滅亡にまではまいりませんで、ここしばらくのところは混沌時代が続いて、いろいろな変化——いろいろな現象が出てくるでありましょう。それについては、さまざまな議論が行われておりますが、最近大変面白いと思った一つの議論をご紹介いたしましょう。ついこの間、ロンドンの、みなさんご承知の『タイムズ』紙が、遠い先のことではなくて、これから十年先の一九八〇年の世の中を想定して、諸家の感想を徴し、そのいくつかを発表しておりますが、その中に皆さんもご承知の『真昼の暗黒』という小説で名高いアーサー・ケストラーという人が、なかなか気のきいた、しかもよいところに眼をつけた、われわれの首肯できる感想を書いておりました。

その肝腎なところを申しますと、ヨーロッパ諸国は今日、爆発的ないろんな事件の連続、発展に悩んでおるが、そういう諸国に新しいレーニン、スターリン、ヒットラー、ムッソリーニに準ずるような者が出てきて、煽動政治の時代が現出するであろう。これを土台として、いろいろなジェスチュアや宣伝工作で大衆を引きずってゆく時代がやってくるであろう。（この人はハンガリーの人ですけれども、今はイギリスに住んでいるのです。）ただイギリスはちょっと違うであろう。イギリスでは、依然として中道政治——中庸政治がつづくであろう。中道——中庸ですから、彼はミーディアム（medium）という言葉をもじって、ミディオクラシー（mediocracy）といっていますね。アリストクラシー（aristocracy）でもなければ、デモクラシー（democracy）でもない。ミディオクラシー、中庸政治が行われるであろう。ただしその頃は、イギリスからもうエリートというもの——選良・俊秀ですね——がなくなって、その代りに平均人が世の中に行われる。別にどうという特色はないけれども、まあ釣合がとれて無難である平均人の時代になって、凡庸ということが信頼ということと同義語になるだろう、と婉曲にいうておる。つまり非凡である、卓越しておるというのは、いろいろと差障りがあるわけですね。凡庸であれば誰も何ともいわぬ。誰もあれならまあよいと考える。通りがいいわけです。そこでみんながそれに任せるということになる。その意味で、凡庸と信頼とが同義語になるだろうという。つまりイギリスの政治は、ごく平凡な、別に面白くも何ともない、型のごときものになるだろう――まあこういうておるんですが、これは多分の皮肉と諷刺を含んでおりますね。

今日のこの時勢、この混乱・頽廃というものは、残念ながら、右でも左でもない真中であるとか、別にどういうことはないけれども、無難であるとか、そういう平均人――凡庸人ではどうにもならなくなっておるのです。イギリスはさすがに長い間の伝統で、そういうところに一種の常識的な慣習と強味をもっているので、そこではまだしばらくは中道政治が続くであろうが、よその国々では必ずしもそうはゆかない。いろいろな事変――アクシデント――変態的現象が爆発的に発展し連続するというと、中道政治では何ともならない。大陸諸国では、新しいムッソリーニ、ヒットラー、スターリンのような者が出てこなければ治まるまい。こういう意見なのです。日本はいずれの方に近いか、これはまあ皆さんがよくお考えになるとわかることですが、いずれにしてもただでは治まりません。

国家・民族の栄枯盛衰の原理

だいたい、人間の歴史を観察いたしますと、国家・民族——一家・一族でもそうですが——その栄枯盛衰には、自ずからなる原理・原則がございまして、いつでも初代創業の人には、型破りの、個性の強い、どちらかといえば不羈奔放というべき人物が多いようです。これを時代で申しますと、撥乱反正の時代です。乱を撥する。撥は「はねる」に通用する字でありますが、撥乱反正という場合には「治」（おさめる）の意味になります。ただしこの「撥める」は、柔らかな治め方ではなくって、いろいろな矛盾、撞着するものを厳しく処理してゆくという意味で、この撥が治と同義語に使われるのであります。乱を撥めて正しきに反《かえ》す。一家・一事業を見ても、少し型破りの独創的で勇敢な、特殊の見識気力をもった人が初めて仕事をする。創業をやる、選良ならぬ平均人——当り障りのない凡庸人というのでは撥まらない。今の大学騒動を見ておりましても、あの学長だ、教授だという人々の多くは、ケストラーのいう意味における平均人であり、信頼される人々なのですけれども、結局において意気地がなくなって凡庸であることには間違いがない。そのために撥乱ができないのです。ところが、ムッソリーニとか、ヒットラーとか、レーニンとか、スターリンとか、そういう人間になると、勇敢に批判もすれば闘争もする。そしてともかくびしびし片付けてゆく。好むと好まざるとにかかわらず、また難癖はたくさんあるけれども、そういうことを超越して一応撥乱反正ができる。

ところが、こういう人でも、自分が成功して、さてその自分の建設したものを後に譲るという段になると、人間が変ってくる。そこが正しい意味において学問・修行をした人間と、気分に任せて不羈奔放に本能を発揮しただけの人間との違うところで、成功すると凡人に帰ってしまう。型のごとき人間になってしまう。そしてせっかく築きあげたものを跡《あと》取りによって崩されたくない。安心して渡せる相手——そういう跡取りに任せたいということになる。そこで、間違いのない、危なげのない人を求めて、それに譲ろうとする。まあ人情の常ですね。ところで、この二代目を、むつかしい歴史的用語で申しますと、継体守文という。体を継いで、その文化を守ってゆく。つまり間違いのない跡取りということです。(この継体という言葉は日本の第二十六代天皇の諡号にも入っております。)ところが、この二代目はさすがに先代の、つまり独創的な先人の言動・風格に触れておりますから、いくらか先代の特徴を身につけておる。だから、まだ面白味がある。それがやがて三代目ともなれば、二代目ほどには先代の意気だの、情熱だの、気魄だのというものを受けておらないので、それこそいわゆる型のごとき人間になる。これを因循という。先代や先々代の残してくれた組織・体制に従う——機械的に従う。そしてまあ無事でさえあればよい、とにかく何とか治まってゆけばよいということになる。これを姑息という。姑は「しばらく」という意味で、面白い字ですね。女が古くなったと書いてある。女もいわゆる若夫婦の時代は潑剌としているが、子が出来、孫が出来る頃になると、もう安全第一主義になって、何でも「まあまあ」で収めてゆこうとする。姑は「しばらく」という字です。「まあまあ無事でやむ」という字です。要するに三代目になると、因循姑息になる。そうすると、機械化・因襲化してまいりますから、意気とか、情熱とか、感激とか、覇気とかいうものがなくなります。一言にしていえば、面白くないということになる。

それがもっと悪くなると、くそという字がついて、くそ面白くもないということになる。そうなるにつれて、せっかく継承されてきました組織・体制が自ずから不安となり動揺してくる。この不安動揺がさらに悪化いたしますと、ご覧のような混乱に陥ってくるのです。この混乱に対して、適切な正しい反撥がありませんと——あの撥乱がありませんと、いわゆる衰亡に陥るわけです。こうなったらお仕舞いですね。そこでケストラーは、この状態が進んでゆくと、ムッソリーニとか、ヒットラーとか、スターリンとか、レーニンとか、そういう者が出てくるだろうという。つまり型破りの勇敢な人物――自分の見識・信念でやってのけようという人物が出てくるだろうという。こういう人物が道を学び、人材を登用してやってゆけば、それこそ立派な新時代を創ってゆくことが出来るけれども、天下をとったあげくに腐敗・堕落すれば、これがまた例の過程を通って、型のごとく興亡を繰り返す。こういうことになってくるわけです。これは古今東西の変らざる人間の歴史の姿であり、古今東西の治乱興亡を通ずる鉄則であります。ですから、このことがよく腹に入りますと、時局がどうなるか、時局をどうすればよいかということについて、みなさんは事前に答をお出しになることができる。ケストラーならずとも、皆さんは皆さんなりに答を出すことが出来るわけです。

今日、日本の国民の中の良識ある人々――真面目な人々のおそらくは共通の、語られざる声――伝えられざる声――声なき声は何かというと、誰か出て何とかせぬかということです。直接的には、政府・内閣・総理などに向かって「大将、しっかり頼むぜ」という気持だろうと思うのです。ところが、せっかく期待しても、何やらぼそぼそと不得要領なことをいっておる。当らず障らずのことをいっておる。つまり因循姑息である。いかにも歯痒いというのが、人々の本当の気持ではないでしょうか。ところがこれに対して、レーニンでも、スターリンでも、ムッソリーニでも、ヒットラーでもない、妙な野心家がたくさん出てきておりますね。幸か不幸か、その中には優秀な者がおらぬ。どれもこれも大して変りばえのしない者ばかりである。いわゆる群雄ならぬ群小が割拠しておる。

先日も話したことなんですが、今の中共を表す三つのスローガンがあります。その一つは占山為王です。今日、毛・林政権が恐れておるのは、武力を擁する奸雄が出てくることです。何者か優秀な奴が出てきて、いわば天王山を占拠して天下の支配者となる――占山為王、これが一番怖い。ところが中共にはまだ占山為王するものが出てきておらぬ。家康も出てきておらぬ。みんな擁兵自重しておる。各自があちこち片隅に兵を擁して天下の形勢を観望し、自分が没落せぬように擁兵自重しておる。これは中共の新聞や雑誌によく出てくるスローガンです。そこで、彼らは厄介な英雄―群雄じゃない、むしろまだ群小であるが、毛沢東はこの連中に占山させぬように山から離してしまう必要がある。この連中はみな虎どもであるが、この虎どもを馴して調教せねばならぬ。まあこれに一所懸命になっておるわけですが、これが調虎離山です。占山為王、擁兵自重、調虎離山――この三つの標語が、中共の現実を最も簡潔・適確に表しておるといわれるものであります。

日本を導く六つの憲章

さて、ちょうど満洲事変後のことですが、蔣介石総統が中国民衆のために新生活運動なるものを提唱して、大きな反応のあったことがあります。時たまたま日本軍が中原に殺到いたしましたので、これは雲散霧消の余儀なきにいたりましたが、この新生活運動というのは、そもそもその源を管子《かんし》に発したものです。有名な『管子』という書物の中に——孔子も敬意を表するに吝かでなかった斉の名宰相・管子の作と称せられるものの中に、「国維」ということがありますが、これは人間及び世の中を維持する大きな綱——物の崩壊を防ぐ綱でありまして、その一つは礼であります。その次は義、その次は廉、その次は恥であります。この礼義廉恥《れいぎれんち》という四つのこと、これを根本とするところの徹底的な生活革命——生活改革——生活改善の運動を提唱したわけであります。たとえば、人はよく痰唾を吐く。これに対して、この運動では「この所、痰唾を吐くべからず」とはいわない。「痰唾を吐くことは恥である」という。人間として恥である。大地を恥ずかしめるものである。まあこういう考え方に立っているわけで、これはほんの一例です。

私の懇意な老大家——外交問題の権威者に田村幸作という方がありますが、この方が若き日フランスに留学しておられた時に、パリでしたか、ちょっと忘れましたが、ある日のこと、カトリックの神父さんにつれられて道を歩いておった。日本人の癖で、田村さんはうっかり道端に痰唾を吐いた。とたんに神父さんは田村さんを抱き寄せて、「大地を恥ずかしめてはいけません。それは神を恥ずかしめることです」といって、真剣な顔つきを表したというのです。今は八十いくつにもなっておられますが、田村さんは「これくらい応《こた》えたことはない。その時初めてキリスト教がわかった気がした。それ以来、自分は道を歩いていて、ひょっと痰唾を吐こうとすると、『大地を恥ずかしめてはいかん』といって、ぐっと抱き寄せられたことが肌身に感ぜられる。それで息を呑んでしまう」といっておられました。こういうのが本当の教育――本当の指導ですね。

こういうふうに生活全般にわたって、蔣総統が礼義廉恥を原理・原則とする運動をやり始めて大きな反応が起ったところで、大事が破れたわけであります。

われわれは今日、この日本に、学校といわず、工場といわず、家庭といわず、この新生活運動が必要と思うのです。そこでまあその一つの標準にと思って、かねがね考究し思索して創ってみましたのが、とりあえず児童憲章・学生憲章・父母憲章・教師憲章・重役憲章・国会議員憲章の六つの憲章であります。その第一は問題の「児童憲章」であります。

児童憲章

一　人間進化の機微は胎児に存する。胎児はまず最も慎重に保育されねばならぬ。

この胎児というものは、まことに痛切深刻な問題で、真剣にお話をしてみたい事柄です。胎児学という学問は、最初は医学の一つの専門分野でありました。エンブリヨロジー(embryology)と申します。胎児というのは、ご承知のように、胎内で大きくなった子どもであります。この胎児に関する学問、エンブリヨロジー、これが今日の医学、それから社会学・教育学・民族学の最根柢、あるいは見方を逆にすれば最尖端の学問であると申してもよいかと存じます。今日、いわゆる最も根柢に立つ、あるいは最も尖端をゆく学問に従っている真剣な学者——先覚者たちの共通の結論は、人間あるいは民族は、万事が胎児によって決まるということであります。ちょっと怖くなりますよ。「知らぬが仏」ということがありますが、何も知らぬのが一番いいですね。「人生、字を識るのは憂患の始めなり」と蘇東坡《そとうば》は詠嘆いたしましたが、人生、真理を知るは——人生、学を知るは——人生、道を学ぶは憂患の始めなり。ところが、われわれはこの憂患を通して、初めて真の人生に至れるわけです。その意味において、今後の日本を決するものは、世の若き親たちが胎児をどうするかということにある、と申しても少しも過言ではありません。それほど胎児は大切なものであります。

これは嫌なことで、いいたくないことですけれども、西欧の対日批評家の中には、次のように評する人があります。戦後の日本人はこの胎児を非常に粗末にした。優生学であるとか、合理的家庭計画だとか、我儘勝手な理屈で良心と真理を欺いて、この胎児を沢山流してしまった。日本が平和を恢復して以来、およそいろいろな名目で闇から闇へ葬られた胎児の数は、優に三千万を超える。こう申しておるのであります。私もある日のこと、「それだけでも、日本人は罰を受ける」といったある神父の非常に厳粛な呟くごとき言葉を耳にして、暗澹たる気持になったことがあるのですが、そのことはしばらくおいて、生物学・動物学等いろいろの研究によりますと――生物進化の長い系統を見ますと、次の新しい神秘な進化の岐《わか》れ目は、すべて胎児から始まっておる。いかなる胎児をもつかということが進化の鍵であるということです。

たとえば人間と猿を比べてみますと、猿の一番進歩したオランウータンとか、チンパンジーとか、そういうものに人間の胎児――原始人の胎児が似ておるのではなくて、そういう動物の胎児が人間に似ておる。たとえば成長した高等猿類みたいに眼窩が深くない。顔面角が尖っていない。体が白い――皮膚が白い。毛が生えていない。つまり人間はまったくそういう猿の胎児と同じなんです。だから、ああいう高等猿類のどこかの段階のエンブリヨー（enbryo）――胎児から、人間という新しい進化が始まってきた。だから人間も、個人は別として、家族・民族・人類の発展・進歩を考えますと、いかなる胎児をもつかということによって運命が決まるわけであります。

このことも、いつかここで、ある程度お話をした記憶があるんですが、ちょうど「児童憲章」の第一の問題でありますから、これはどうしても触れておかねばならぬことであります。どうも残念ながら――というのは当りませんが――男はいくら偉くなっても、進化の直接担当者にはなれない。一代限りです。どうしてもこれは、女でなければだめでありまして、女が受胎する――胎児をもつ、その胎児から次の世代の運命が開ける。その意味で腹は借りものであるというのは妥当であり、真理である。昔は「腹は借りもの」などいって女性を道具扱いにした、けしからん、といってこの言葉を排斥したものでありますが、真理はそのしからざることを教えておる。長い間生物進化の学問の発見によれば、腹は借りものとは正に真理でありまして、いかなる腹を借りるか、換言すればいかなる胎児をもつかということが、その家族・民族・人類の運命を決めるということは、もう疑う余地がないのです。そこで、結婚というものは非常に大切なことで、軽々しい結婚などというものは、これは最も軽率愚昧なことである。いわんや放縦なる性生活などは、最も愚劣なことであり、大きな罪悪である。だからして、昔から新しい優れた次の世代を創った民族—氏族—家族にあっては、必ずまず男女関係が厳格であったということが、これまたはっきりと実証されておる。

それと同時に、この「胎」という字は実に立派な字なんです。ご承知のように偏の「月」は肉月でありますが、肝腎なのは「台」です。この台を「臺」の略字だと思っている人が少なくないのでありますが、実はそうではない。まったく別の字でありまして、しかも大変に大切な文字であります。これは天上の星の名です。天神——宇宙創造の神の宮殿、これを紫微星というのですが、これを守る天柱だといわれておる星、これが台です。そこから国家—民族を守る大臣—内閣のことを「台閣」というわけです。人に対する敬称に、「台下」あるいは「台兄」などを用いるのもここからきたもので、あまり詰らぬ人に対して「台兄」などと書く必要はない。むしろ人をからかったことになる。そういう大切な文字でありますが、そのほかにまた「我」という意味があるのです。これは実に驚くべき古人の叡知を評しておるものです。この天上の台星、つまり宇宙創造の神を守るものを表す台——胎児・受胎の台、この文字をもって我を表す、自分を表す。偉いですね。われわれ東洋民族の祖先が、いかに直観に優れていたか、いかに英邁であったかがよくわかります。

それにもう一つ、警嘆すべき文字がある。「朕《ちん》」という文字です。これは天子の自称だとみなが知っております。これは秦王が始皇帝になったときの専用語にしたものだということも、みなが知っております。しかしそれ以前には一般に「われ」と読んで「朕」の字を使っていたんです。今日、「わたし」とか「おれ」とかいうのと同じように、この字を使っておったのです。

今、世界で一番華やかな学問・研究は何かというと、この偉大な科学技術が将来どうなるか、これによっていかなる世界が開けるか、そして今世紀末即ち一九八〇年、九〇年はどうなるか、二〇〇〇年の展望はどうか、こういう問題を対照とする学問・研究——いわゆる未来学が一世を風靡しておるのであります。ところが、これら未来学の研究者が今日の段階で、参考書としてまず最初に指を折るものに、ピエール・マッセの『一九八五年』という本がある。このピエール・マッセという人は、日本でいえばフランスの企画庁長官というような立場にある人ですが、この人が政府—内閣の命令で、生活の各分野にわたって専門諸家の研究を蒐集・編纂して、そういう世紀末及び来世紀初頭の世界を予想してみたのがこの本です。

そのマッセが、文明の功罪を決するものは、世界創造の前兆——人間文明の創ってゆく将来の世界の前兆を、いかに早く、いかに鋭敏に看取するかということであると申しております。いかなる将来のことにも、非常に早く前兆が現れるものだとして、彼はそれをシーニュ（signe）といっておる。英語のサイン（sign）にあたる言葉です。普通の人間ならわからない前兆——兆《きざし》ですね。それを非常に早く、機敏に、かつ賢明に捉えるということ、それが運命を決めるというのです。これは病気についてもいえることです。人間の病気というものは、癌にしても結核にしても、そのほか何にしても、非常に早くからシーニュ——兆象があるものです。炯眼な医者にはそれがすぐわかる。ところが、普通の人間にはわからぬ。土壇場になって——手遅れになって——もう三期だという時になって、初めてわかる。もっと鋭敏にシーニュを見なければならぬ。そうすれば、物事はどうにでもなる。しからばこのシーニュを一番端的にいい表しているよい文字は何かというと、それは「朕」であります。しかもこの朕という文字を、我・自分というもの——I, ich, je というものにあてはめたわれわれ東洋民族の古人は、偉いものだと頭がさがる。台またしかりです。我です。胎はそれに肉月を付けただけのものです。われわれとは何ぞやというならば、これは胎児なんです。胎児が後になってだんだんとわれわれお互いを創るのです。

だからまず胎児を大切にしなければならぬ。そこで、どうしても結婚は慎重でなければならぬ。よい胎児を育ててくれる嫁を選ばなければならぬ。そうすることによって初めて、家族・民族・人類の永遠の生活・進歩・文明というものがあるわけであります。ですから、そこにありますように、「人間進化の機微は胎児に存する。胎児は慎重に保育されなければならぬ」のです。その胎児が大きくなって児童となるのであります。

二　児童は人生の曙である。清く、明るく、健《すこ》やかなるを尚《とうと》ぶ。

これは児童の、したがって人生の曙の必須条件であります。清いということ、明るいということ、それから肉体的にも精神的にも健やかであるということ、ここにわが日本精神—神道—古神道の尊い原理・原則がある。胎児・児童、これは人間の初め—太初でありま す。この太初において清く、明るく、健やかであること、ここから当然、立派な家族も民族も始まるのであって、わが国の神道もこういう考え方にもとづいておる。この意味においてまた、神道に頭が下るものがあるのです。児童は明るく育てなければならぬ、清く育てなければならぬ。汚れっぱなしはいかんのです。尻の始末から手の始末まで、清く育てなければならぬ。元来、子どもは清く明るいことを好むのです。それだのに、誤れる大人たちが逆なことをやって、不潔を何とも思わぬように育ててしまう。本当に子どもの時から清く明るく健やかなるを尚んで育てられたら、汚職だとか瀆職だとかいうものはほとんどなくなるのであります。

三　児童に内在する素質・能力は測り知れぬものがある。夙《はや》くより啓発と善導を要する。

エンブリヨロジーにまた、ネオテニー（neoteny）という学問もある。やはり胎児・幼児の医学的研究です。このエンブリヨロジーとネオテニー、これが今日の医学・生物学、したがって社会学・民族学・教育学に関連する、一番面白い根本的な学問であり、研究でありましょう。この幼児の時代に即ち五、六歳頃までに家庭教育がよろしきを得れば、問題のティーン・エイジャーズ（teen-agers）のデリンクェンシー（delinquency）〈非行・犯罪・怠慢〉なるもの——ハイティーンの堕落や犯罪はほとんどなくなるであろうということは、その道の世界の学者共通の結論です。だから大学などというものは、その意味においては——本来の教育という意味においては、これはもう後の祭で、大切なのは家庭教育です。

ところが、日本人はこの点について、大きな錯覚をいたしました。これに対しては、明治の教育行政に大いなる責任がある。明治の教育行政は、幕末頃からわが国が眼にし耳にした西洋の近代文明——科学技術文明——機械文明に驚いてしまって、何でもいいからこれを真似なければならぬというので、西洋流の科学技術を教えることに夢中になったものでありますから、こういう教育の根本問題に気がつかなかった。教育といえば、むやみに学校に入れることだということになってしまった。だから、世の親たちも子供たちも、教育・学問というものは学校に入らなければ出来ないものだ、しかもその学校も、大学までゆかなければだめなんだと考えるようになり、世の中も大学の免状をとらなければ有利に採用せぬという悪い制度を作りあげてしまった。これを直さねばならんのですから、これは容易じゃないですね。もっと早くから家庭教育において――もっと早くから胎児教育において、ということは、実は父母の自覚・修養に待たなければならぬのであります。

非常に真理を含んだアメリカの笑話ですが、ある教育ママが、かねて尊敬する児童医学・児童心理学の先生のところへいって、「この子どもをどういうように育てたらいいでしょうか、一つお教え願いたい」と申しましたところ、「おいくつですか」と聞かれたので、「誕生日を迎えました」といったところが、「もう遅いですね」と答えたというのです。少し辛辣ではありますが、確かにそうであります。そこで第四に、

四　習慣は肉体となり、本能となる生きた主義・理論であり、生活は習慣の作品である。良い習慣を身に着けること即ち躾《しつけ》は児童の為にも最も大切である。

これが第四の根本的な、非常に大切な問題であります。理屈だとか知識だとかいうもの

は、これは後でいいのです。児童のために大切なのは、日常生活の仕方を正しくすること。即ち躾というもの——よい習慣を身につけるということであります。これは児童の話ではございませんが、私がしばしば思い出すことで、若い人たちにもたびたび告白してきた事実があります。すでに亡くなりました私の弟の幼い頃のことですが、ある晩、母が弟をひどく叱っておる。非常に厳しい声が聞えてくるので、私は隣の部屋に身をすくめて様子を窺っておったのでありますが、さんざん叱られたあげく、弟は泣く泣く寝床に潜り込みました。なにしろ子供のことですから、すぐ寝息を立てて眠ってしまいました。それでもまあよかったと思っていると、今度は私が呼び出されて、「さっきから弟が叱られているのが、お前には聞えなかったか」という尋ねです。「いや、聞えてはいたが、あまり恐いので小さくなっておった」と答えると、「それで兄が勤まるか。なぜ出てきてとりなしてやらぬか」と叱られた。私はなるほどと頭を下げましたね。これこそ躾というものです。

また母は、お菓子折などをもらいますと、私たち兄弟みんなにお菓子を一つずつ分けてやるということをしないで、兄にそっくり渡して「お前から分けてやりなさい」といって分けさせたものですが、あるとき私は大失敗をやりました。ある日のこと、私と弟と二人だけのところへ、お菓子をもらいました。私は母から「弟にやりなさい」といわれて、ついその中のうまそうなのを一つ取って、残りを弟にやろうとしたら、「お前は情ない兄だね」といわれた。このときくらい恥入ったことはないですね。こういうのが躾で、何もむつかしい理屈はいわんでもいいのです。事務所なんかにおりますと、いろいろとおいしいものなどをお土産にもらいますが、私はこの歳になっても未だかつて自分で先に一つ取って、残りを事務所の若い人たちに回してやるというようなことができませんで、そっくりそのまま渡して後から逆さまに私のところへ回ってくるのが常です。これはひとえに少年時代の母の躾が骨身に応えておる結果であります。こういう躾をしておいたら、大きくなって賄賂を取るなどということはありませんよ。とんだ個人的な話をして恐縮です。それから第五に、

五　言葉と文字は人間文化の血脈である。児童はなるべく早くから、民族の正しい言葉と文字を学ばねばならぬ。その学習能力を児童は大人よりも純粋・鋭敏に本具しているものである。出来れば一、二の外国語を習得することも望ましく、又十分可能なことである。

これもお話をすれば、限りない実例をもって具体的に申しあげることができます。言葉というものは一種の本能で、子どもは非常に早くからこれを身につけます。若夫婦が幼い子供をつれて外国に赴任した場合など、誰しも経験するところです。両親の方はなかなか

外国の言葉を覚えませんが、幼い子供はいつの間にかその外国の隣近所の子供と馴染になって、自由にしゃべれるものです。これは言葉が本能だからです。大人になるということは、ある意味において本能が衰退することです。だからたとえば記憶力などいう機械的なもの、こんなものは十歳前後が最頂点で、これをすぎると衰えてくる。それから注意力といったようなものでも、七、八歳から十歳までが一番強いのです。だからその年頃の子どもについて、よく「あの子は穴のあくほど見詰めている」などいうでしょう。大人はもう精神が散乱しているものですから、物に対して穴のあくほど見詰めることができない。これは子供に限るんです。

これは創造力や直観力についてもいえることです。児童学者やお医者さんがよくいうことですが、幼少の子供は、両親の感情だとか意欲だとかいうものに、風邪や麻疹《はしか》と同じように、すぐ感染する。それくらい感受力をもっておる。まだ頭が——理知が発達しておらぬからわからぬなどと思ったら大間違いです。非常に早くから大人より以上に物事を感受する。しかもこの感受力というものが、後日、いろいろなものを培養し育成するのであります。ですから子供は正しい言葉を非常に早く覚えますし、文字についてもその通りであります。しかも子供には非常に直観力がありますから、同じ文字でも、抽象的、符号的な文字よりは、意味のある文字の方をよく覚えるのです。つまり仮名よりは漢字の方をよく覚えるのです。これも今日もう立派に実験ずみのことです。子供は幼少だから、むつかしい漢字など教えてもわかるまいというのは、大人が自分の悪い頭から下した結論でありまして、純真な子供は漢字の方をずっとよく覚えます。これは高速道路が発達して、大人もまた体験したところです。高速道路を非常なスピードで走るのですから、直覚ということが大切なんです。それで標識など、横文字で書いてあったら、これはとても読めない。それよりはまだ仮名の方がよくわかる。だが仮名よりももっと便利なのが漢字です。

まあこういうわけで、子供は幼稚園から小学校の一年、二年、三年くらいまでの間に中学卒業生くらいの漢字は楽に覚えるのです。私なども七歳で小学校に入った時は、大学・中庸などいうものを読んでおった。学校へゆくと小学校読本というものがあって、ハタ・タコ・コマなどと書いてある。家へ帰ると大学・中庸というわけで、あまり違いすぎるので欠伸ばかり出る。先生にしてみれば、この子供、頭が悪いんじゃないかと勘違いをする。まあそういう間違った教育をしてきたわけです。子供の時に、どんどん漢字を教えなけりゃいけないのです。なお「出来れば一、二の外国語を習得することも望ましく、また十分可能なこと」であります。それから第六に、

六　児童は祖国の歴史・伝統に基づく勝れた文学芸術や、世界と宇宙の限りない感興に誘う諸々の作品の裡《うち》に養われねばならぬ。

これもうお話をするまでもないことです。そこで第七に、

七　いかなる艱難辛苦《かんなんしんく》も輔導宜《ほどうよろ》しきを得れば、児童にとって却って大成の試金石となるものである。

まずこういう児童の躾、家庭教育、さらに根本的にいえば家庭―結婚―男女の自覚ということにまで徹してゆきませんと、次の時代は救われぬと申してよろしいのであります。自然に任せておいたら、どうなることかわかりません。まず一昨年くらいまでは、月に到達したという事実を頂点として、二十一世紀というものはいかに輝かしいものになるであろうかというわけで、科学・技術への大変な礼讃と期待が流行しておりました。ところが昨年あたりから、これに対して各界の最も優れた権威者たちが、「そうではない」という警告を始めました。これにはなかなか深刻なものがあります。

そのほか運命的にいえば、人間はどうなるかわからぬということが沢山あります。その最大のものを申しますと、文明の複雑かつ深刻な影響はしばらく措いて、あの大西洋の海流の方向が非常に移動してまいりまして、北極洋の方に大西洋の暖流が入りつつある。そ

のためにグリーンランドとか、アイスランドとかの温度が、摂氏で十度くらい高くなっておる。それから北極洋のアイスキャップという氷の海、あれが十二%くらい解けてしまって狭くなっておる。そして氷の厚味が以前よりは四十%くらい薄くなっておる。以前の六十%くらいになっておる。この調子でぐんぐん進んでゆくと、水蒸気が出る。それが吹雪になって、海水が三メートルくらい上る。そうするとヨーロッパ、アジア、アメリカの諸大陸には、ノアの大洪水の現代版が始まる。こういうことも、それぞれの専門家がすでに警告しておるところであります。

それはさておいて、現代文明——科学技術はいったいどうなるのであろうか。今や科学技術文明によって、世界をあげてメガロポリス(megalopolis)、エキュメノポリス(ecumenopolis)になりつつある。つまり一大連続都市になりつつある。ところがこれがために、大地は舗装され、森林や田畑は潰される。スモッグ、煤煙、毒ガスが瀰漫する。さらには河川、港湾、海流までがことごとく汚染される。こういう公害、その他あらゆる類の弊害が日々に深刻になってきておる。東京湾なんかは正にどぶ池のようになっておりますが、伊勢湾なども同じだそうであります。専門家の話によりますと、瀬戸内海などは、去年一年だけで、通った船の数が三百万隻、搭乗人員が七千万に達したそうでありまして、瀬戸内海はすっかり汚染されて臭くなり、したがって魚もいなくなって、非常に深刻な事態に陥っておる。こういうことが今後とめどなく発展してゆくと、いったいどういうことになるか。来年の万博に「五十年後の日本列島未来図」というのが出品されますが、それによると、日本列島の大部分がメガロポリス、いわゆる連続・接続都市となって、これに国民大衆の八十％が集まる。大変な集団都市です。それに八千キロにわたる高速道路網、あるいは三千キロ以上に及ぶ新幹線、あるいは国際空港・港湾などによって結ばれるわけですから、まぎれもないメガロポリス、つまり巨大な過密都市になる。

そうなると必ずや公害その他の余弊が現れてまいります。たとえばジェット機が一機、大西洋を飛ぶと、酸素を四十トンも使う、太平洋を渡れば五万人分の酸素を要するそうですから、大変な弊害を伴うわけです。そういうことで、文明人類が半減する時期が、これから十年ないし二十年でやってくるだろうといわれている。ところが最近になって、専門家の間では「十年ないし二十年どころじゃない。五年ないし十年以内にそうなる可能性がある。だから全力を挙げて公害対策に取り組まねばならぬ。また人間の集団生活の在り方についても、根本的反省を要する」ということが盛んに論議されているということを、ニクソン大統領の都市問題特別補佐官であるモイニハンという人が、この十月二十一日にべルギーのブラッセルで開かれたＮＡＴＯの総会で報告演説している。これはなぜかマスコミが伝えておりませんが、恐ろしい話です。まあそういうことが沢山ありまして、本当に人間はうかうかしておれないのです。内憂外患というのはこのことをいうのでありまして、みなもう他人事《ひとごと》ではない。わが事として真剣に研究し、分に応じて実践せねばならぬ時機がきておるのであります。

到底六つの憲章全部についてお話できぬと思ってはおりましたが、まあ一つだけでもこれだけ申しあげておけば、後は各自お読みいただいて、みなさんなりに理解していただけようと思います。よくご研究のほどをお願いいたします。これは私からみなさんに差し上げる研究課題ということにいたしまして、今日の記念講演を終ることにいたします。（昭和四十四年十一月）

付　六つの憲章

一　児童憲章

一　人間進化の機微は胎児に存する。胎児はまず最も慎重に保育されねばならぬ。

二　児童は人生の曙である。清く、明るく、健《すこ》やかなるを尚《とうと》ぶ。

三　児童に内在する素質・能力は測り知れぬものがある。夙《はや》くより啓発と善導を要する。

四　習慣は肉体となり、本能となる生きた主義・理論であり、生活は習慣の作品である。よい習慣を身に着けること即ち躾《しつけ》は児童の為に最も大切である。

五　言葉と文字は人間文化の血脈である。児童はなるべく早くから、民族の正しい言葉と文字を学ばねばならぬ。その学習能力を児童は大人よりも純粋・鋭敏に本具しているものである。

出来れば一、二の外国語を習得することも望ましく、又十分可能なことである。

六　児童は祖国の歴史・伝統に基づく勝れた文学芸術や、世界と宇宙の限りない感興に誘う諸々の作品の裡《うち》に養われねばならぬ。

七　いかなる艱難辛苦《かんなんしんく》も、輔導宜《ほどうよろ》しきを得れば、児童にとって却って大成の試金石となるものである。

二　学生憲章

一　特性は人間の本性であり、知能・技能は属性であり、習慣は徳性に準ずる。三者相俟《あいま》って人間を大成する。

二　学生は徳性を養い、良習を体し、知識を修め、技芸を磨くを以て本分とする。

三　人間は鍛錬・陶冶によって限りなく発達するが、その本具する諸々の性能は学生時代に成就するものである。

古来人類文化に寄与した偉大な発明・発見や開悟も、少なからず二十歳代に行われている。

四　学生は人間の青春であり、民族の精華である。その品性・態度・教養・行動は、おのずからその民族・国家の前途を標示する。

五　学生は自己の学修及び朋友との切磋琢磨を本分とし、出来る限り雑事に拘《かかわ》ることを自戒せねばならぬ。

六　講説の師は得易《やす》いが、人間の師は逢《あ》いがたい。真の師を得ては灑掃《さいそう》の労をも厭《いと》うべきではない。

七　国家民族の運命を決する重大時機に臨んでは、敢然として身を挺《てい》し、敬慕する先輩・知己と共に、救民・革命の大業に参ずる意気と覚悟を持つことは貴い。

三　父母憲章

一　父母はその子供のおのずからなる敬愛の的であることを本義とする。

父母を別《わか》って言えば、父は子供の敬の的、母は愛の座であることを旨《むね》とする。

不幸にして父母の孰《いず》れか欠けた場合、残った方が両者の分を兼ねねばならない。

二　家庭は人間教育の素地である。子供の正しい徳性と良い習慣を養うことが、学校に入れる前の大切な問題である。

このことが善く行われれば、少年の非行犯罪も殆《ほと》んど無くなることは、各国に於《おい》て実証されている。

三　父母はその子供の為に、学校に限らず、良き師・良き友を択《えら》んで、これに就《つ》けることを心がけねばならぬ。

四　父母は随時祖宗の祭を行い、子供に永遠の生命に参ずることを知らせる心がけが大切である。

五　父母は物質的、功利的な欲望や成功の話に過度の関心を示さず、親戚・交友の陰口《かげぐち》を慎み、淡々として、専《もっぱ》ら平和と勤勉の家風を作らねばならぬ。

六　父母は子供の持つ諸種の能力に注意し、特にその隠れた特質を発見し、啓発することに努めねばならぬ。

七　人世万事、喜怒哀楽の中に存する。父母は常に家庭に在って最も感情の陶冶を重んぜねばならぬ。

四　教師憲章

一　教育は職業的、社会的成功を目的とする手段ではなく、真の人間を造ることを使命とする。

二　子弟が将来いかなる地位に就いても人から信用せられ、いかなる仕事に当っても容易に習熟する用意のできておる、そういう人間を造ることが教育の主眼である。

三　将来を担《にな》う子弟が、明日の行路を誤《あやま》たず、信念と勇気を以て進む為に要するものは、単なる知識・理論や技術ではなく、人間の歴史的、恒久的な原理であり、典型である。
四　教師は漫《みだ》りに人を教うる者ではなく、まず自ら善く学ぶ者でなければならぬ。
五　教師は一宗一派の理論や信仰を偏執して、之《これ》を子弟に鼓吹してはならない。
六　教師は学校と教壇をなおざりにして、政治的、社会的活動をしてはならない。
七　現代が経験している科学・技術・産業における諸革命と相応する理性的、精神的、道義的革命が達成されねば、この文明は救われない。その「革命への参加」は、教師において、いかなる階級の奪権闘争でもなく、もっと内面的、霊的な創造でなければならぬ。

五　重役憲章

一　時世の偉大な変化は、経済においても、物を利用し開発して、人間の生活に役立てようとする開物成務の本義と共に、進んで世界の各国民を貧困と争乱から救うて、平和と幸福を実現しようとする経世済民の使命を重大にしている。事業家は活眼を開いて時勢に通暁せねばならぬ。
二　知識・技術と産業の発達が、次第に世界各国民の共通性を弘めるほど、同時に又我々日本人は他国民に比《ひ》して、いかなる特徴と長所を持つかを省察し研究せねばならぬ。経済的国際化は日本の特質を無くすることではない。日本の特質を国際的進歩の中において、益々有力に発揮することこそ、日本国民にとっては勿論《もちろん》、他国民にとっても貴重な利益と模範である。

三　人は皆利の為に来り、利の為に往《ゆ》くという。然《しか》しながら利は人の智を昏《くら》くし、利を専らにして行えば、多く怨《えん》を生じ、いたずらに財を先にすれば、民衆は貪《むさぼ》って飽くを知らぬこと、先哲と史実の明示するところである。凡《すべ》て物質的、経済的問題といわれるものも、互いに信頼し、尊敬することのできる人間的、精神的条件を待って真に有効円滑に処理されることは古今東西不変の大切な原則である。

四　人間において、成功ほど失敗するものはない。事業の安定と繁栄は、その資本・生産・交易・利潤等の数量にあるのではなく、要するに経営者の精神と能力に依《よ》るものである。

五　重役は良く人材を識《し》り、之を用い、之に任さねばならぬ。之を任用という。人材を任用して大和を計るは成功の要諦である。

六　才幹や智能はもとより望ましいものであるが、重役たる者は、むしろ信望あるを貴しとする。信義を体《たい》し、おのずから重鎮する所あるは重役の本領である。

七　世界は不断の進展であり、変化である。現代は人間の感嘆すべき創造を実現している。今時なお個人主義と社会主義、自由主義と全体主義、資本主義と共産主義などを対立させ闘争することは、実に驚くべき思想の貧弱、昏迷といわねばならぬ。今後の究極問題は、我々が今日経験している科学・技術・産業の諸革命に相応する精神・道徳・人間の内的革命を円満に遂行することである。

六　国会議員憲章

前文

国民の長い切実な経験と智恵は暴力と忿争《ふんそう》が決して真に問題の解決に役立つものではないことを覚って、互いに尊敬し信頼する人々を選出し、それらの誠実にして公正な十分の討議を経て決定する政治体制を発達させることができた。これが自由主義・民主主義議会政治である。それは一種の理論や一時の制度ではなく、人類文明の到達した一存在様式である。故に議員は互いに信義を以て国民の付託に応《こた》え、情理を尽して問題を討議し、公正な解決に協力して、国民の福祉、国家の繁栄、文明の発展、世界の平和に尽瘁《じんすい》することを以て本務とする。

本　文

第一条

国会議員は、日本国憲法の定める所に依る(一)国権の最高機関であり、国の唯一の立法機関である国会を組織する。

第二条

議員は(二)全国民の代表者であり、(三)奉仕者であって、(四)一部の者の委託指令に動かされることなく、公人としてその良心に従う。

第三条

議員は日本国に対する忠誠と国法の遵守とを宣誓する。(五)

第四条

議員は全国民の代表者、奉仕者として、品格を貴び、行動を慎み、責任を重んずる。

第五条

議員は政党を組織することができる。政党は公党であって、私党ではない。私の利害や主張を以て対立闘争し、相排擠《はいせい》することを許されない。常に公正な討議に由《よ》って賢明な解決に協力せねばならぬ。

第六条

議員にして法の定める義務に反し、国会の秩序を紊《みだ》す者は、法に遵《したが》って懲罰を受ける。

注（一）憲法第四十一条参照

注（二）憲法第四十三条及びドイツ連邦共和国基本法第三十八条参照

注（三）憲法第十五条参照

注（四）ドイツ連邦基本法第三十八条参照

注（五）イタリア憲法第九十一条参考

青年国師・文中子

韓退之は「文人の雄」、文中子は「賢儒」

これまでの日本の、いろいろな経過、ことにその失敗というものは、日本を動かしてきた指導者たちの、道を学ぶことが足りなかったところに最大の原因があるということだと思います。今日、日本の内外の情勢は、いわゆる「噴火山上の乱舞」という言葉が、そのままあてはまるような状況ですが、その中にあって、いたずらに慌しい、落着きのない日常生活にとらわれず、心を澄ませ、眼を世界に放って、静かに真理を学び、道を思う、そういう心の友――道の友が、縁にしたがって相結び、それによって少しでもわれわれの世界を根本的に改めてゆくことができれば、それこそ望外の幸せと考えて、いわゆる「潜行密用」を行じようとするのが、わが師友協会の使命だと信ずるのです。

今日、愛知県師友協会の七周年記念大会が開かれるに当って、例年のように何か講演をという希望が力富さんからあってご覧の通りの『青年国師・文中子《ぶんちゅうし》』という題目を通知したのですが、この選択には特別の意味があるわけではありません。それこそまったくの偶然によるものです。私は実は平素、書斎の机の横に、少し大きい書架を備えていて、暇があれば調べてみたいと思う書物――長年にわたる研究上の諸問題に必要な重要参考書を数十冊並べておいて、それと気付いた時にはいつでも、手を伸ばせば抽き出せるようにしておく習慣があります。またそれと同時に寝室の枕元に大きな机を備えていて、その上に、研究上の書物でなく、読んで楽しみたいと思う書物を数十冊のせておくことにしております。これは多忙なためにキチンと日課を立てて物事を処理してゆくことができないという、生活上の已《や》むを得ない事情によるものですが、王陽明の詩にいう「餓《う》え来れば飯を喫《くら》い倦《う》み来れば眠る。只此《こ》の修行玄更《さら》に玄なり」の精神を活用しているわけであります。

それで私はできるだけ寝食を自然に任せて、腹が減れば食べるし、咽喉が渇けば飲むが、そうでなければ飲食しない。眠くなれば寝るが、眠くなければ寝ない。目が覚めたら、いつまでもウトウトしていない。こういう方針で生活しております。清末の偉人・曽国藩《そうこくはん》が自分の座右の銘とし、また子孫にも厳しく教えた一語に、「黎明には即起し、醒めて霑恋《てんれん》するなかれ」という名言がありますが、私はこの精神も活用に力めております。

こんなわけで、私は夜中に目が覚めると、枕元のスタンドをひねって、机の上から気の向いた書物を引っ張りだして読みふける。眠くなればパタンと書物を落してスタンドをひねって眠る。こういう生活をしております。さらに、尾籠な話ですが、私は長い間、いわゆる長雪隠の習慣があって、旅行のときなど、それで困るのですが、拙宅では、香も焚《た》けば本も読める私専用の便所を特設しております。少々贅沢しても雪隠くらいは知れたものです。そこで毎日、十五分ないし二十分間、悠々本を読んで楽しむ癖があります。「塵も積もれば山となる」の喩えのように、十年も経って調べてみると、雪隠で読んだ書物の数は、本当と思えぬくらいの分量になっているものです。それに、研究上読んだ本格的なものはとんと覚えていないが、雪隠で読んだものは案外よく覚えている。とかく理屈通りにはゆかぬものです。こんなところに却って微妙な道理があるのかも知れません。

実は力富さんから手紙をもらったとき、私はたまたま研究上の必要から「文中子」を読んでおりました。(これは私にとっては、読んで楽しむ書物でもあるのです。)何か講題をということでありましたので、これも何かの縁であろうと思って、この題を選んだしだいであります。まったくの偶然です。だが偶然とは、人間の愚かさを表す言葉であります。自然と真理に偶然はありません。それこそ当然以外の何ものでもないのですが、人間の知性の至らなさから、偶然と考えるだけであります。そういう厳しい批判はさておいて、偶然を人生の事実として平たく考えてみると、これまたなかなか面白いものです。これがないと、人生はいわゆる杓子定規的になって味わいがない。偶然に人に会い、偶然に書を読む。人生すべて偶然の連結と考えると、却ってそこに不尽の妙味があります。偶然に「文中子」と決めたことも、一見、意味がないように見えて実は必ずしもそうではないのであります。

そういえば、私がこの文中子を発見したのも偶然でありました。大学生時代のことですが、王陽明の『伝習録』を熱読しておりました時、高弟の徐愛(この人は孔子に対する顔回にも比すべき人物です)が、先生の陽明に、韓退之《かんたいし》と文中子を並べて、その人物の比較論を尋ねているところに出くわしました。陽明はこれに答えて、韓退之は偉いことは偉いが、要するに「文人の雄のみ」、文中子は「賢儒」であって、比較にはならないと申しております。韓退之は有名な文豪で、誰知らぬものとてありませんが、文中子を知っているものはほとんどありません。私も実はそれまでまったく知らなかったのです。そこで私は陽明の答に痛く感心して、陽明ほどの天才的で高邁な人物が、韓退之とは比較にならぬといって激賞する文中子を知らぬでは相済まぬといった気持ちで、それ以来、深い関心をいだくようになりました。それから長年の間、終始一貫というわけではありませんが、いろんな方面から、いわば断続的に、繰り返し繰り返し文献を調べてまいりました。年月が経つと、たいていの場合、対象の評価に変化が生ずるものです。人間の交わりでも、年が経つにつれて敬愛の深まる場合もあれば、逆に鼻について嫌いになり、つまらぬと思うようになる場合もあります。書物もまたしかりで、年久しうしてだんだんよくなる場合もあれば、逆にだんだんつまらなくなる場合もあるのです。

代表的な一例として『論語』を挙げましょう。『論語』は、青少年時代にはよく解らない、むしろつまらぬように思われることさえないとは申せません。だが年をとると、読めば読むほど頭のさがる感じです。文章からいっても至極の域に達しています。自分が成長して変化するにつれて、対象への評価も変ってくるのであります。その『論語』の中に、斉国の大宰相・晏子《あんし》のことが出てまいりますが、この人はまことに味わいの濃《こま》やかな人で、孔子は彼を「晏平仲、善く人と交わる。久しうして人・之を敬す」(『論語』公冶長)と評しております。久敬——久熟、これはいわゆる「インスタント」の反対です。人間もだんだんと付合っているうちに、より深く尊敬したくなるような人物でなければだめであります。書物またしかりです。文中子についても、私は諸家の批判を知るに及んで、案外それほどの人物でもないと思ったこともないではありませんが、年月が経つうちにだんだんと尊敬を深めるようになり、それに対する考え方も熟するようになりました。本席で皆さんにご紹介しても弊はなかろうと思うのであります。

中国の吉田松陰・文中子

文中子は、あるいは倫を失するかも知れませんが、大ざっぱになぞらえると、日本の吉田松陰を偲ばせるような人であります。それでわざわざ「青年国師」と添え書きしたわけです。彼は今で申しますと、山西省の南部、黄河の東の汾水《ふんすい》のほとり、龍門（河東龍門という）というところで、南北朝の後をうけた隋王朝の文帝の頃に生れ、煬帝《ようだい》の大業十三年に、三十二歳（あるいは三十四歳）で夭逝した人物であります。

この時代は日本でいうと、聖徳太子のお若い頃、すなわち少年時代に相応しますが、当時の日本は仏教の伝来と絡みあった思想――信仰上の問題で、蘇我・物部の対立を中心に、血で血を洗う惨憺たる派閥闘争に明け暮れておりました。中国もまた同様で、舞台をはるかに大きくして、はてしない動乱を続けていたのです。隋が天下を統一する前を南朝あるいは六朝と申しますが、三国対立が終って魏《ぎ》となり、さらに晋《しん》となり、これが中道にして北方民族に圧迫されて、揚子江に渡って南に逃れ、東晋となり、それが宋・斉・梁・陳にわかれて、しきりに易姓《えきせい》革命を繰り返してきたのであります。ところが、それにもましては北方では、いわゆる「五胡十六国」の時代で、いろいろな異民族が激しい戦闘・攻伐・侵略・征服を繰り返して、シナ四百余州は前後二百年にわたって大動乱を続けたのでありました。その間において、南朝だけでも、すなわち晋朝が南に渡ってからだけでも、王朝を通算すると、百五十年間、帝王の数でいえば五十余代も変っておりまして、その中で弑《しい》せられたり、廃せられたりしないで無事に終ったものは、わずかに二十数主を数えるにすぎない。それが漸次収まって隋の統一となるのですが、その隋がまたやはり不幸な国であったと申さねばなりません。隋王朝の建設者・文帝はさすがに名君で、功業に傲らず、勤倹身を持し、財政を整え、思想――信仰問題にも立派な識見を示して、大いに治績をあげたのでありますが、不幸にしてその夫人が稀代の悪妻で焼餅やき、文帝はこれがために非常に苦しめられたようであります。

文帝の倅が後の煬帝ですが、暴君の代表といえば、西洋ではネロ皇帝、東洋では秦始皇帝と、この煬帝があげられるくらいで、大変な人物であったわけです。だがある意味では非凡な人物で、今日であれば優に毛沢東やスターリンの列に入り得るかも知れませんが、何しろ非人道極まる男で、仁義・道徳を重んずる中国ではとうてい許され得ない暴君でありました。病臥中の父を弑し、兄とその子ども八人を虐殺して皇位を簒奪《さんだつ》し、剰え《あまつさ》父が寵愛した妃・陳夫人を盗むというような乱行をあえていたしました。毛沢東やスターリンもかなり乱行をやりながら英雄で納まっていますが、煬帝は時と所が悪かったと、同情すれば同情できるかも知れません。だがこんな体たらくで天下が収まるわけはありません。再び物情騒然として、煬帝は江都の離宮で、臣下によって弑されるに至ったのであります。文中子は実にそういう時代に生れたのです。

文中子は姓は王、名は通――王通と申しまして、文中子というのは、その死後、弟子がつけた諡《おくりな》であります。字《あざな》は仲淹《ちゅうえん》と申します。字は本名のあとにつけるもので、他人から呼ぶ時本名を直接用いるのは失礼だというので、多く字を用いる慣わしです。仲というのは次男の意味でありますが、淹は大きいとか、広いとかの意味をもっていて、本名の通と相通うものがあります。「流通」という成語もあります。由来、字と本名の間には、何らかの意味連絡のあるのが通例であります。彼は一口でいえば哲人的風格をもった学者でありましたが、これは父祖の遺伝にもとづくところも少なくないと思われます。

父は王隆といって、字は伯高、人格・学問ともに秀れた名流でありました。ある時文帝はこの王隆を召して学問を聞いたことがあるのですが、彼は名聞利達の野心がないので、直言して憚らず、「帝は名君の資質がおありなさるが、学問をなさらぬのが欠点だ」と、よくもそんなことがいえたものだと思われるようなことを、ズバリといってのけております。文帝はまた文帝で、そんなことをいわれても別に怒りもせず、心から畏敬して、厚く彼を礼遇したようであります。この王隆は時局を洞察したのか、衣を振うて龍門に隠棲し、ついに世に出ず、『興衰要論』という著作があったと、史書には書いてあるが、今は伝わっておりません。王通にはこの父の気概・見識が遺伝的に伝わっているように思われます。なお、もっとさかのぼると、漢末の王莽《おうもう》が革命を起して、暫時「新」という王朝を建てたことがありますが、その頃王通の祖先に王覇という人があって、王莽の所業を憎み、衣を振うて故山に隠棲したと伝えられています。

かくのごとく王家には代々、気概・節操を重んじて、みだりに世に迎合せず、隠棲して道を守るといった遺伝が流れていたようでありまして、王通も生来、そうした素質を享《う》けていたに違いありません。王通はそういう遺伝の人物であったのですが、著作としては、ただ『中説』が残っているだけでありまして、伝記によると、儒家正統の経書に擬して『続書』を著したと記されてありますが、今は一篇も伝わっておりません。

なお正史（国家で編纂した史）にも伝記がのっているが、彼の伝記はない。それで後世、彼の存在を疑う学者もなしとしません。またその他いろいろな批判もありますが、そういう考証的なことは、今日は一切差し控えることにいたしまして、要するに私はこの『中説』を読み、彼に関する文献を読んで、久敬の心を失わないものであります。これを読んでいると、今日の問題――われわれの当面する時勢・生活・当為について、ヒシヒシと思い当るものが多いのです。今日の時勢を考える時、ともすれば彼の言葉が想起されて、ある時は書斎で研究し、ある時は寝室で読んで楽しんだわけであります。

文中子は煬帝に異変あるを聞いた時、たまたま再起不能の病床にあって、わずか一週間で亡くなったのでありますが、弟子の記すところによると、亡くなる少し前に、夢に顔回が孔子の使いにやってきて、「いつまでも人間世界にウロウロしているな」といって、帰休をすすめたということです。虚心に聞けば美しい話であります。このように、弟子たちが彼を神秘化する傾向があるので、却って後世の学者の反感を挑発したところもありますが、これは軽々しくは批判できないことでありまして、文中子という人は、あるいはそれだけに値する人物であったのかも知れません。また人間には神秘的なこともないとはいえません。

徳川時代に片倉鶴陵という医学の大家がありましたが、漢の張仲景の著と伝称せられている『傷寒論』を研究中、どうしても解らぬところがあって、手の及ぶ限り研究してみたが何ともならない。こうなったら、もう張仲景その人に尋ねるほかはないと思い詰めていましたところが、ある日、一人の老翁が夢ともなく現《うつつ》ともなく現れて、「お前の篤志に免じて疑問の点を教えてやろう」と、懇切丁寧に解明してくれた。鶴陵は気がついて愕然として驚いたが、彼はこの体験によって多年の唯物的見解を捨てたという物語があります。こういう体験は軽々しくは扱えない問題であります。

それはともかく、煬帝の異変が起った時、いよいよ多年の暴政に終止符が打たれるかも知れぬとは、誰しもの考えるところでありましたが、それを聞いた王通が死の床に坐り直して述べた言葉がここにあります。

吾、これにあずからざるは命なり

子不豫《ふよ》なり。江都変あるを聞き、泫然《げんぜん》として興《お》きて曰《いわ》く、生民乱に厭《あ》くや久し。天其《そ》れ或《あるい》は将《まさ》に堯・舜の運を啓《ひら》かんとす。吾焉《これ》に与《あずか》らざるは命《めい》なり。

きわめて簡単な一節ですが、若い、情熱のある、理想を失わぬ人であるならば、誰にとっても痛烈に胸に響く言葉であり、われわれの精神を揺り動かすに足る言葉であります。人間には、これくらいの理想精神、これくらいの情熱がなければだめです、食うて寝て、面白おかしく日暮しをして、天下のことには関せず焉《えん》とあっては、それはもう人間ではなく、動物にすぎません。人間――民族・人類――兄弟・子孫、そういうものをしかと見届け、これを有意義な方向に建設し育成してゆく仕事に、及ばずながら、何らかの意味でたずさわりたい、少なくともこれを目撃したい、これくらいのことは誰しも人間である以上はいだいているはずの情熱であります。しかるに文中子にとっては、運命のいたすところ、已むにやまれぬ絶対の事実として、それを見守ることが不可能である。自分は死なければならない。悲しい限りである。そういった気持が短文ながら言々句々に躍動しております。こうして彼はついに亡くなったのであります。

　彼の死後、弟子が送った諡号の「文中子」は、『易経』の「坤《こん》」の卦の中の名高い一句――「黄裳元吉。文・中ニ在ルナリ」よりとったものでありますが、この諡は私に深い興味と思索をそそってやまないものです。現代社会――現代文明は文中でなく、文外であります。文は飾り、綾《あや》であって、中にこもる創造的生命の営みから、価値あるものが外に現れる、それが文です。中の本質から発してくる価値あるものが文です。ゆえに文は質と相対する言葉で、文は質から出てくるのであります。生命が質なら、肉体は文、肉体が質なら、大脳は文、大脳が質なら、大脳皮質は文と申すべきであります。本質から出てくる意義——価値を表現するものが文であります。表現されたものが文であるに対して、潜在するもの、潜蔵・内蔵されたものが質である。そこで、生命の表現されたものと、潜蔵・内蔵されたもの（含蓄されたもの）との釣り合が大切となってきます。豊富な含蓄されたものの少しが外に表現されたとき、それは生命の働きとして最も力があり、意義があり、尊いものであります。外に表現されたものが本質的なものに不釣り合になってくると、それは生命にとって重荷となり、危険であり、破滅をもたらすのであります。文はできるだけ潜蔵さるべきものです。氷山の八十％は水中に隠れている。それであの有名なタイタニック号の沈没事件も起ったのですが、大脳もまたしかりであります。大脳皮質は人間の知能を司るものでありますが、その働きが、人間にとって大切な意志・情緒・歴史的に蓄積された本能によく結ばれて、そこから光を発するとき、人間の知性——理性は最も健全なのであります。知性——理性がこれを遊離して空理空論的になると、大脳皮質の働きは矛盾を露呈し、破壊に瀕するのであります。われわれの知性——理性の働きというものは、どうしてもわれわれの生命・本能・情緒と融け合わなければならない。それを文中というのです。『中庸《ちゅうよう》』の終りの方に、『詩経』の一句をひいて、「錦を衣《き》て絅《けい》を尚《くわ》う」と述べてありますが、絅は「うすぎぬ」で、要は文中の理を説いたものであります。錦の光をみだりに外へ出さない。才能や理知がギラギラと輝いてはいけない。含蓄こそ大切なのであります。その意味において、王通が文中子といわれるのは、彼が片々たる才人、利巧者でなくて、いかに奥深い、落着いた、含蓄性に富んだ人であったかを立証するものでありまして、よい諡だと思います。われわれは常に文中でなければなりません。社会・民族またしかりで、文中社会・文中民族でなければなりません。あまりギラギラと外に出る、すなわち外面的、功利的、刺戟的、享楽的、虚栄的、宣伝的なものは、危険であり浅薄である。もっとゆかしい含蓄性と弾力性をもち、内容あり落着きあるものでなければなりません。現代社会は狂騒音が激しく、むやみやたらに闘争的、競争的であって、それは文中でなく、文外と申すべきであります。文中子という諡は、いろいろな問題を限りなく連想せしめ、今日を反省せしめるに足る、味わい深いものであります。さて本文に戻りましょう。

「子不豫なり」――王通は不治の病の床に臥しておりました。「江都変あるを聞き」――その時、たまたま煬帝が行幸先の江都の離宮で弑されたことを聞いて、「泫然として興きて曰く」——ハラハラと落涙して起き上っていうには、「生民乱に厭くや久し」——天下の民衆はすでに久しく相次ぐ動乱に飽きはてている。「天其れ或は将に堯・舜の運を啓かんとす」——だが、今こそ天命のいたすところ、あの堯・舜時代の理想平和の時運が開けようとしているのかも知れない。「吾焉に与らざるは命なり」——しかし自分の死は旦夕に迫っている。この平和建設の大業に参加することが出来ないのはいかにも残念であるが、これも思えば天命である。こういって、彼は三十あまりの若さでこの世を去ったのであります。悲痛極まりない心境と申さねばなりません。

次にもう一つ彼の言葉をご紹介いたしましょう。

王道いずくよりして興らんや

子曰く、悠々として素餐《そさん》する者天下皆是《これ》なり。王道いずくよりして興らんや。

隋末の動乱時代に生きて、険悪な社会情況を体験しつつ、当時の治者階級、実力者階級の有様を眺めていた王通に、このような述懐があったのは、いかにも当然であります。今日の日本を見ても、まさにこの通りで、少しも修正の必要がありません。全く同感です。「悠々として素餐する者天下皆是なり」——悠々という言葉は、「悠々迫らず」などという時はよい意味ですが、ここでは、何もしないでボヤボヤして暮らしているという、悪い意味です。素餐する者とは、無為にして衣食する者をいうのです。ものを考えるわけでもなく、事を為すわけでもなく、この危機に当って、天下みな穀潰しのような生活を繰り返している。「王道いずくよりして興らんや」——どうして困窮せる民族を救うことが出来ようか。王通はかく慨歎したのであります。

今日、社会学者・哲学者・心理学者などが現代の状況について書いた書物は少なくありませんが、その中の気の利いたものを若干読んでみても、「悠々として素餐する者天下皆是なり」ということを、それぞれの専門的立場から、いろいろと解説し、痛論しておるのであります。

実に今日の日本そのものを見ても、われわれとしては不安に堪えないものがある。それにもかかわらず、どうすることも出来ない。いろいろと相談してみても、これといって突き詰めることがない。昨夜も有志の者が情報をもちよって忌憚のない話を交換したのですが、「悠々として素餐する者天下皆是なり」——こんなことではいけない、何とかしようではないかということで別れました。しかしこれだけでは何の結論にもなりません。またその前日の朝、たまたまソウルからの放送をきいた二、三の有志に会う機会がありました。

新聞記者をやっている人たちです。ソウルでは米軍と国際キリスト教会以外の放送は聞けないとのことですが、右はキリスト教会の放送とのことでした。それによると、あちらでは毎日、何が起こるかわからぬ緊迫した状態にある。これから先いったいどうなるのか、さっぱりわからぬ、というのであります。ところが一般市民はどうかといえば、割合に平静であって、何事もない感じである。それはそのはずです。市民たちに本当の状勢がわかるはずはありません。わかったところで、どうにもなるものではない。悠々素餐するほかはないのであります。問題はソウルだけではない。いったい、この日本はどうなるのか。議会はどうか、自民党はどうか、日台関係・日韓関係はどうか、日中関係・日ソ関係はどうか。オリンピックに夢中になっているが、それがすんだらどうなるのか。繁栄だ、建設だと有頂天になっているが、一転して不況・混乱の心配はないのか、外交は行詰りはしないか。国内に内乱の憂いはないか。いろいろ検討してゆくと、結論の出せる人はほとんどありません。博奕《ばくち》打《うち》的政治家・無分別な野心家・際物的仕事師以外の真面目な人で、明白な見通し、あるいは心構えをもっている人は非常に少ないのであります。だいたい、こういう問題を考えてみようともせぬのであります。誠に文中子の指摘する通りなのです。

平和だ、文明だ、人類だ、宇宙だと申しますが、そんな空文句だけでは何とも仕方がないのであります。月へ行くといったところが、はたしてそれが本当の進歩といえるか、どうか。月に到達して元の木阿弥からやり直すというのであろうか。何億年前に逆転して、そこからやり直す、それではたして進歩といえるか、どうか。その前にやることが沢山あるはずであります。あれこれと考えてくると、実にじっとしておれない気持ちです。でも仕方がないから、悠々素餐ではいけないので、せめて悠々読書、悠々思索を続けねばならぬのであります。

もう一つ文中子の言葉を挙げましょう。

我が為に楚公に謝せよ

楚《そ》、難作《おこ》る。使を使わして子を召《まね》く。子往《ゆ》かず。使者に謂《い》いて曰く、我が為に楚公に謝せよ。天下崩乱す。至公血誠に非《あら》ざれば安んずる能《あた》わず。苟《いやし》くも其の道に非ずんば、禍の先と為《な》ることなし。

「楚、難作る。使を使わして子を召く」――この楚は今の江西省あたりで、その辺に南昌・吉安というところがあって、この方面に勢力のあった林士弘という豪傑が、自ら楚王と称しておりました。彼はかねがね王通の令名を聞いていましたので、難局に直面した時、これを師として迎えようとしたのであります。「子往かず。使者に謂ひて曰く」――ところが王通は往くことを肯んぜず、使者に向かって次のように申しました。「天下崩乱す。至公血誠に非ざれば安んずる能わず」――今や天下は乱れている。無組織・無規律・無軌道・無法の時代である。（現在の日本もどうやらこの通りです。）これを救うは容易な業でない。口先だけの公平・公明だけでは役に立たぬ。すべからく至公でなければならぬ。誠といったところで、並たいていの誠では問題にならぬ。それでは観念の遊戯にすぎない。私を捨てきった、血の通うた誠でなければ天下は救えない。「苟くも其の道に非ずんば、禍の先と為ることなし」――道とは抽象的な観念ではない、厳然たる実践である。一片の感情・気概・イデオロギー・ムードだけで天下の政治はできない。これならやれるという大信念がなくては乗り出せない。うっかり飛び出して禍の先頭を切ることは私の欲せざるところである。「我が為に楚公に謝せよ」――残念ながらご期待に添いかねる。よろしくお断りしてほしい。王道はこう答えたのであります。彼としてはもっともないい分で、賢明と評すべきであります。

天下の危機にあたって識者が局に当らないということは、社会・政治の問題としては、非常に微妙なところであります。今日の日本の行き詰まり、危機を救うためには、どういう方策が考えられ得るか。有志相寄って、いろいろと相談してみると、結論として最も望ましいことは、至公血誠の英邁な総理が出現して局に当ること、これが最も近道であります。レジャーだのバカンスだのといって、内容のない空疎な繁栄に浮かれている危険な状勢のただ中にあって、日本を本筋のレールに乗せる大人物が政権を担当すれば、これにこしたことはない。しかしこれはなかなか実現できそうにありません。では次善、三善、四善、五善の策はないものか。次善、三善等々となればなるほど、矛盾が生じ弊害が多くなってくる。そこで我々は最も根本的な道は何であるかを考えてみる必要があります。根本的であればあるほど時間がかかる。国家の救済に間に合わないかも知れぬ。そうなれば、時なり、命なりと申すほかはありませんが、要は各界の指導者層が自覚し、奮起することであります。

ご承知のように幕末の各藩には、西郷・木戸・大久保・吉田・藤田・佐久間等々の人材が一斉に蹶起して、それらの諸力が糾合されて、明治維新の局面が打開されました。またさかのぼって鎌倉時代には、泰時・時頼・時宗などの偉材が現れ、道元・栄西・法然・新鸞・日蓮などの傑僧が出て、しだいに民衆を教化指導して、平和を維持し、文化を促進いたしました。一人の英邁な指導者の出現が不可能であるとすれば、せめて日本の各界、各階層に、自覚した指導者が、奮起輩出して、いろいろの側面から、符節を合するように、国民の教化を進めてゆくほかはない。そうすれば、時間的余裕の存する限りは、これによって日本も救われるかも知れません。

そのいずれでもなく、日本は動乱に陥り、そのただ中から新しい指導者が現れ、いわゆる「革命」が勃発して、それによって祖国の運命が決定するかも知れません。その革命はあるいは共産革命であるかも知れません。だとすれば、それは民族として初めての体験で、血で血を洗う惨憺たる悲劇を経て、中共・ソ連の衛星国と化することは必定であります。それでは、中・ソの傀儡《かいらい》でない、純粋な国民的指導者による革命は可能であるかといえば、ほとんどその見込みはない。しかし見込みがないでは済まされぬ。出来るように準備すべきではないか。ではいかにして準備するか。結論の出ないままに昨夜も悠々素餐して別れたのであります。

こういう切実な問題を考えながら、文中子を読んでいると、知らず識らず血が通うてまいります。そこに読書の生命があり、興趣があるのであります。テキストの全文に及びたかったのですが、時間の関係で、これで打ち切ることにいたします。一斑《いっぱん》を以て全豹《ぜんぴょう》を推《お》していただければ幸いと存じます。（昭和三十八年十月）

この師・この父

父の使命

いわゆる「教育」――組織・制度としての教育で国民の道義・道徳が養い得られると思うのは大きな錯覚である。この意味で最も大事なのは、世の父たり、師たるものの自覚である。それでなければ、せっかくの教育も効果が上らぬ。私が「この師・この父」について皆さんにお話申し上げようと思う所以《ゆえん》であります。

昔は子供の教育といえばじきに母というた。それには確かに一理がある。一理はあるけれども、何でも子供といえば母の責任にしてしまって、父というものが責任を免れてきたということは大きな誤りであり、無責任なことでありました。この頃の学問――哲学・教育学・倫理学・社会学・歴史学などいろいろのものが、「母が大事なことはいうまでもないことであるけれども、子供の人間形成・教育という上からいうならば、やはり父であり、師である」という結論をいまさらのように事新しく説明しています。これもまた詳しく申し上げておりますと、これだけで大問題です。

カントの弟子で、日本人にはカントより以上に感銘を与えておるフィヒテ、ナポレオン戦争の時、ベルリン大学の講壇に立って、有名な「ドイツ国民に告ぐ」という大講演を続けて、敗戦の民族に強烈な精神を鼓吹したフィヒテという人が、このことを、すなわち父の使命ということを、この講演の中で実に明確に論じておる。私は先ほどの挨拶にもありました全国師友協会の十五周年の記念に、われわれの今後を照らす「光の無尽蔵」すなわち『光明蔵』というパンフレットを編纂いたしました。その中にこのフィヒテの論の大事なところを一章抜いておきました。それを今日のテキストの中に入れたつもりでいたのですが、私の粗忽で落しました。それを簡単にかいつまんでお話申し上げてみます。彼はこういうことを申しております。

人間の本性は利己的であり、子供もまたこの利己心をもって生れておるが、子供に道義的性能を賦与するものはただ教育のみであるという通常の仮設は極めて浅薄な観察に由るものであり、ぜんぜん誤りである。無から有は生じないから、もし、道義性が子供の心中に根源的に、しかも教育に先だって存していなかったならば、教育は何の時にか子供の心中に道義心を賦与し得ようか。されぱこそ道義心はこの世に生れてきたすべての人の子に現実に存するものである。

道義心のもっとも根源的な、最も純粋な姿は、敬重されたいという衝動である。またこういう衝動からまず敬重の唯一の可能的対象である道義的なもの、即ち正・善・真・克己という認識が生ずることである。子供の場合には、この衝動はまず彼が最も敬重する人から敬重してもらいたいという衝動として現れる。そうして愛は決して利己心より生ずるものではないという証拠には、この衝動は、慈愛を以て常に眼前に在る母に対してよりも、不在がちで、直接慈愛者として現れない、もっと厳格な父に対して、一般にはるかに強くかつ決定的に向けられる。子は父より注目されることを欲し、父の賛成を得ようとする。父が子に満足を感じている限りにおいて、子自身は自己に満足できるのである。これが父に対する子の自然的愛であって、その愛は子の感性的福祉の保護者に対してではなく、彼自らの価値または無価値を反映する鏡に対するものである。

つまり子供というものは愛だけで育つものではないのです。敬というものが同時にあって、愛と敬とが伴うて子供は人格として成長する。それを両親が分担する。人間が人格者として精神を具えたものとして発達してゆくために大事なのは、母よりむしろ父である。父の責任である。その父は学校の先生のようにただ理屈をいう、あるいは訓練をするというのではない。全人格を以て、子供を映す鏡のようになることである。

中国に『世説新語』という非常に面白い書物がありますが、その中に出てくる人物に、諸葛孔明よりも後の人で、謝安（字は安石、三二〇―三八五）という人がある。これは東晋の名相です。これは一口でいいますと、日本人に最も馴染みの深い大石内蔵助の大陸版というような人であります。この謝公の夫人は、大変賢夫人でありまして、子供の教育に熱心な母親であった。それだけに、お父さんがとんと直接子供の手を取って教えてくれぬのがはなはだ不満で、ある時「どうしてあなたは一向子供を教えてくださらぬのか。あなたが直接子供を教えられるところを見たことがない」となじった。すると、謝安が曰く、「お前は、子供にはいろいろ文字を説明したり、叱ったりするようなことが教えることだと思っておるようだが、私は二六時中、終始子供を教えているつもりだ。子供の先生のつもりだ。口や手でやらぬだけのことだ。全体で、体全体でやっているつもりだ」と。

謝公の夫人は児を教えて太傅《たいふ》（太傅は死後の遺贈）に問う、那《なん》ぞ初めより君が児を教ふるを見得ざる。答えて曰く、我は常に自ら児を教う。

これが父の姿です。言葉に出して教えたり、手をかけて教えるのは、これはもはや師の職分であります。このことを詳しく説明すると、じきに一時間くらい経ってしまいますし、また皆さんはこれで十分おわかりいただけたと思いますので、省略をいたします。ただし、ぜんぜん父というものは、子供に言葉や文字で教えたり、手をかけて仕込まないのかというと、必ずしもそうではない。それには自ずから機がある、機会がある。

私の遺言することは金銭以上の価値がある

ここに、ドイツのハイデルベルクの大学の講師をしておりまして、今度の戦争で戦死いたしました年若い先生のヨハネス・バンネス（一九〇六—一九四四）という人が、陣中から郷里の子供達に与えた長文の手紙があります。私はこれを読んで非常に感銘・感動いたしました。その中の最も大事な点、日本人に聞かせたいと思う点を訳し出しておきました。彼はこういうことをいっております。

陣中より故郷の子らに（抜萃）

自然から学びなさい。自然の中にこそ、神の意志は人間の歴史の中によりも大きな文字で表されている。夜でも時々遮るもののない空の下に起きていることをすすめる。動物や植物に親しみなさい。

言葉巧みにお前達の祖国を否定しようとする人間に惑わされぬようになさい。お前達はドイツ人だ。ドイツの国土と民族とに根ざしている。ドイツ文化の宝はお前達の宝だ。それを守りなさい。何よりもドイツ語を大切にし注意深く扱いなさい。

ドイツ語はドイツ精神の最も貴い道具であるが、良心のない扱いをされる危険に最も多くさらされている。

ドイツ人の自慢から遠ざかるようにしなさい。すべての国民が独得の課題を世界で実現する義務をもっている。

神様によい友を授かるようにお願いしなさい。よい友は人生の得がたい貴重なものの一つである。お前達の処世についても、根本的な規定についても、決して外面的な利害に動かされないようになさい。はなはだ多く人間を昏迷させて真の平安と人生の価値を奪ってしまう金銭を追い求めないようになさい。私の遺言することは金銭以上の価値がある。

「言葉巧みにお前達の祖国を否定しようとする人間に惑わされぬようになさい。お前達はドイツ人だ。ドイツの国土と民族とに根ざしている。ドイツ文化の宝はお前達の宝だ。それを守りなさい。何よりもドイツ語を大切にし、注意深く扱いなさい」――今の日本人のちょうど逆ですね。

「ドイツ語はドイツ精神の最も貴い道具であるが、良心のない扱いをされる危険に最も多くさらされている」――こういうことをいいますと、すぐ近頃の生噛りの新しがり屋は反撥し、今頃ドイツ人だ、日本人だなどといっていてはだめだ。こういうことだから、世界は進歩しないのだ。もっと早く世界連邦でも作り、われわれは日本人やドイツ人などというのはやめて世界市民になるのだ。こういうことをいうのが沢山ある。こういう考えが一番素人には厄介である。あまり教育のないお父さんやお母さんはこれでぺしゃんこになる。それで、たわいもない、あまり内容のない反抗に親がへなへなとなってしまう。いわんや横文字などでいわれると、外国語など知らないまたは忘れておる人は、昔あまりなかった言葉、international くらいはだいたい誰でも知っているだろうが、globalism, cosmism などといわれると、すぐへなへなとなりそうですね。

そこで伜の方からは、「もう親父は古いからなあ、常識がないよ」などといった調子で簡単に抹殺されるし、親は親で「その通りか知らん、わしら時勢遅れだなあ、今時の若い者にはかなわない」などと、まるでぺしゃんこになって、こんな詰らぬことに悲しむというわけです。これは何も知識の問題ではないのです。少し考えのある、良識のある親なら、取って抑えられるのですがね。それだけの勉強は必要です。ことに父は、少々大胆でもよろしい。しっかり信念と教育能力をつけなければいけないのです。

理屈は概念の遊戯というものであります。これは、たとえば木を植えよう。もう松だとか、梅だとか、杉だとか、けちなことをいうておってはだめだ。木を育てなくてはならんというのと同じことです。なるほど木という概念はあるが、すべて実在する木というものは、必ず松か、梅か、杉か、何かですね。何かを通じて、初めて立派な木になるのであって、個性のない木一般などというものは、どこにもありはしない。なるほど世界連邦が出来るかも知れぬ。したがって世界市民が出来るかも知れない。それだからといって、ドイツたり、イギリスたり、日本たるものが滅びやしない。もちろん滅びるものもあるかも知れない。もうギリシャにも、昔のソクラテスやアリストテレスのようなギリシャ人はいません。ギリシャ民族は滅びました。今日のギリシャ人は、昔のギリシャ人とはまるで違います。ローマまたしかり、あのローマの文明を作り上げたローマ民族というものは、疾《と》うに滅んでいる。今日、地球上から姿を没した民族は沢山ある。しかしいやしくも生命のある民族ならば、これは永遠的であります。

そこには必ず民族性というものがありまして、今日こんなにinternationalということがいわれているけれども、依然として、儼として存在しているものは、nationalityというものであります。nationalityというのは、民族の個性的な質をいうのです。これからnationalismというものが起ってくる。このnationalismが排他的なnationalismになると、これをjingoismとかchauvinismとかいうのでありますが、そうなると弊害はある。しかし正しい意味における、良心的、理性的な意味におけるnationalityそれから出るnationalismがあって、初めてinternationalismとなり、それがglobalismにもなり、cosmismにもなる。共産主義国家は、最も全体主義的であって同時に非常に民族主義的ですね。そのスラヴ民族主義と漢民族主義とが、中ソの喧嘩となっている。

ああなってくると弊害はあるが、とにかく、日本人がよき日本人になり、ドイツ人がよきドイツ人になることによって、世界のどの国民も共鳴して、初めてinternationalismが出来るのです。だから、英国の最も英国的な人、ドイツの最もドイツ的な人が、日本にきて何に最も共鳴するかといったら、最も日本的な、純粋な意味での日本的な人物・芸術・学問・音楽等に共鳴するのです。何やら、えたいの知れない国籍不明のものには、顰蹙するだけです。それが真理というものです。

そこで、「ドイツ人の自慢から遠ざかるようにしなさい。すべての国民が神の独得の課題を世界で実現する義務をもっている」「神様によい友を授かるようにお願いしなさい。よい友は人生の得がたい貴重なものの一つである。お前達の処世についても、根本的な規定についても、決して外面的な利害に動かされないようになさい。はなはだ多く人間を昏迷させて真の平安と人生の価値を奪ってしまう金銭を追い求めないようになさい」――これは大事なことであります。戦後、この点においても日本は深刻な誤りを犯した。このために今や肝腎の金銭にも窮するように追い込まれてしまっているのです。あまりに金銭を追い求めたがために金銭に窮するようになっておるのです。今後ますます激しくなる傾向があるのです。これは直さなくてはならない。それは、もう一政党・一政府の政策くらいではどうにもなりません。やはり精神革命をやらぬと、どうにもならぬのです。

「私の遺言することは金銭以上の価値がある」――これはよい手紙ですね。今日、学校とか教育とかについて語る人々や、あるいは青年達・学生達も誰知らぬ者のない人物に、明治初年に――明治九年頃でしょう――北海道の札幌農学校にきて、極めて短期間に深甚なる感化を与えて日本を去ったクラーク博士があります。この人のいった「ボーイズ・ビー・

アンビシャス」という言葉が、えらく流行していますね。あれだけでもよい言葉だが、本当はその後が大事なのです。それを皆忘れておる、というよりはほとんど知らない。それも、今のテキストに出しておこうと思っておりましたが、忘れました。それはこういう言葉です。

Boys, be ambitious. Be ambitious not for money, ――金のために大志をいだけというんじゃない。or for selfish aggrandizement, ――利己的な虚栄のためではない。己を光らそうという目的で ambitious になるのじゃない。not for that evanescent thing which men call fame ――人々が名誉と呼ぶところの空しきことのためではない。Be anbitious for the attainment of all that a man ought to be. ――人間がいかにあらねばならぬかということについて、いろいろ大事な点があるが、それらのことを達成しようとするために、一言でいえば立派な人間を形成するために ambitious になれ。こういうことをいっている。

そのいい出しの Boys, be ambitious という言葉が肝腎なものだから、大事な後の方を忘れてしまって、先の一言だけを皆が紹介しているのです。これはよい言葉ですね。そうでなければならない。

知は教育の枝葉末節

ところが、世間はこういう大事なことに対するこの見識を忘れて、いたずらに知識を詰め込むことが教育であるとか、何か技術を身につけることが教育であるとかいうような誤りに陥っている。これも必要であるけれども枝葉末節ですね。そういう志を立てると同時に大事なことは、人間の人間らしい情緒を養うということです。

いったい情とは何であるか、知とは何であるかという話をすれば、これまた面白い問題でありますが、知というものは、どちらかというと、人間の生の手段的なもの、悪くいえば枝葉的なものであって、人間の人間としての全体を最もよく表すものの一つは情緒であり、情操というものであります。そういう人間が、少しでも高まろうとする敬の心――それから出ずる志と同時に、この人間らしい情緒・情操を養う、人間を嬉しい人間・床しい人間にするということを考えなければならない。そういうことについて、古典にわれわれの忘れることの出来ないことが伝えられております。その一つを挙げましょう。

范文正公参知政事たる時、諸子に告げて曰《いわ》く、吾貧しき時、汝が母とともに吾が親を養う。汝が母躬《みずか》ら爨《さん》を執《と》る。而《しか》して吾が親甘旨未だ嘗《かつ》て充《み》たざるなり。今にして厚禄を得たれば、以て親を養わんと欲すれども親は在《いま》さず。汝が母も亦已《すで》に蚤世《そうせい》す。吾が最も恨《うら》む所の者なり。若《なんじ》が曹《ともがら》をして富貴の楽を享《う》けしむるに忍びんや。吾が呉中の宗族甚だ衆《おお》し。吾に於《おい》ては固《もと》より親疎あり。然《しか》れども吾が祖宗より之を視れば、則ち均《ひと》しく是《こ》れ子孫にして、固より親疎なきなり。苟《いやしく》も祖宗の意にして親疎なければ、則ち饑寒の者吾安《なん》ぞ恤《あわれ》まざるを得んや。祖宗より来《このか》た得を積むことを百余年にして、而して始めて吾に発して大官に至るを得たり。若《も》し独り富貴を享け而して宗族を恤まずんば、異日何を以てか祖宗に地下に見《まみ》えん。今何の顔《かんばせ》あってか家廟に入らんやと。是に於て恩例、俸賜、常に族人に均しうし、幷《ならび》に義田宅を置くと云う。

「范文正公参知政事たる時」――今でいえば大臣、むしろ総理といった方がよろしい。名は范仲淹《はんちゅうえん》。唐の次の宋の初代の人であり、人物・学識・器量、あらゆる意味に於て堂々としている。学者であり、文人であり、宰相であり、将軍であった。非常に床しい、孤独に徹した、正に代表的な人物の一人であります。しかし、人物の紹介はそれくらいにしておきまして、これを読みましょう。

「諸子に告げて曰く、吾貧しき時、汝が母とともに吾が親を養う。汝が母躬ら爨を執る」――「爨を執る」は、炊事をしておった。「而して吾が親甘旨未だ嘗て充たざるなり」――

本当においしいものを腹一杯食べたということがなかった。「今にして厚禄を得たれば」――ところが今は大変厚禄を得るようになった。「以て親を養わんと欲すれども親は在さず」――子が養わんと欲すれども、親は待たずということです。在命中は炊事の苦労などをして、ろくろく満足な食べ物も食べられなかった。「汝が母も亦已に蚤世す」――早く世を去ることを蚤世という、この蚤は早いという意味です。「吾が最も恨む所の者なり」――一番残念に思うことである。自分の身に最も切実なものから道徳というものが始まる。

「若が曹をして富貴の楽を享けしむるに忍びんや」――先祖が出来なかったことを、親も祖父も出来なかったことを、何の苦労もしない伜どもが、のうのうと無為に生活をenjoyするなどということは忍びない。「吾が呉中の」――呉中とは今日の浙江・蘇州の辺です。「宗族甚だ衆し」――親族が多い。「吾に於ては固より親疎あり。然れども吾が祖宗より之を視れば、則ち均しく是れ子孫にして、固より親疎なきなり」――自分からいうと親しい者や疎い者があるが、先祖から見たら皆同じ伜であり、孫である。固より親疎はない。「苟も祖宗の意にして親疎なければ、則ち饑寒の者吾安ぞ恤まざるを得んや」――この考え方は、たんなる道徳的考慮ではありません。今日の医学、ことに遺伝学が、その考え方の極めて妥当であることを立派に証明しております。まあ、それを指摘するだけに留めておきますが、この考え方は非常に大事なことです。

「祖宗より来た徳を積むこと百余年にして、而して始めて吾に発して大官に至るを得たり」――人間にはこういう運・不運がある。今度佐藤さんが総理になられました。その前に兄さんの岸信介さんも総理になられました。ところが、もう一人兄さんがある。やはり佐藤姓で、海軍の中将でした。この人は同じ兄弟だが、もっと出来たといわれておった人であります。私もよく昵懇《じっこん》にいたしておりました。海軍の飛び抜けた英才でしたが、不幸にして健康を害して早く軍を去って、後半生を養生に終られたのです。こういうことが人間には常にあるのですね。自分だけの力で偉くなったなどと考えるのは大きな間違いであります。わが才覚で大官を獲得したというじゃない。そんなことは浅薄な、無反省な考え方である。

「若し独り富貴を享け而して宗族を恤まずんば、異日何を以てか祖宗に地下に見えん。今何の顔あってか家廟に入らんやと」――しかるに一人富貴を受けて、代々のお位牌のある廟に死んで入ることが出来ようか。「是に於て恩例、俸賜」――今日民間でいうならばボーナスのようなものですね。盆とか暮れのボーナスのようなものです。「常に族人に均しうし」――親戚に皆分けて、「幷に義田宅を置くと云う」――何か事があった時に救済する福祉施設——禅寺とか、家とかを置いた。

この考え方は永遠の道であり、真理であります。こういう情緒を養うことが、つまらない知識や、つまらない技術よりもずっと大事なことです。ところが、人間というものは情ないもので、少し理知が発達するというと、枝葉末節の知識を追求したり、ちょっと何か私益になるというと、先のクラーク博士の文句ではないが、あられもないambitiousになって、誠に人間のわからない、非人間的な技術屋になってしまったりするのです。せっかくの知識やせっかくの技術ではあるが、どうかすると、その技術・思想というものは非常に人を誤り、己を誤る。

私はいつも感心するのですけれども、バカという字は、一番もっともと思われるのは疒（やまいだれ）に欲を書いたらよいと思う。これなら一番バカという字に該当する。ところがこんな字はない。感情が支離滅裂だという意味で、情という字を入れてもいい。痯でもよい。これでもバカということがよくわかる。ところがそうでなくて、欲でもない、情でもない。バカという字には知という字を入れてある。「痴」は面白いですね。知の特徴は疑うにある。それでこれを疒に入れた字もある。「癡」もバカという字である。

人間にとってはせっかくの知ですね。他の動物のもたない何よりも貴重な賜物ですね。

天は人間を通じて知能というものを発達させた。それを受け取って育った人間は、せっかくの賜物であるところの知で誤る。バカになる。今日いかに思想家・評論家と称する、あるいは学者・学生と称するバカが多いか。これは深く考えると、恐るべきものがある。物欲の惑いぐらいなら、まだよいのですね。知的なバカ——惑い・迷いになると、その害はさらに深い。本当の意味の人間形成に非常に邪魔になる。そういう意味で、一つ二つ印象の深い言葉を紹介しましょう。鎌倉初期の法然上人であるとか、明遍上人であるとか、主として念仏行者の言行録を集めた『一言芳談』という非常に味わいの深い本がございますが、次はその序です。

人を教うるは、またその末なり

徳行は本なり。学問は末なり。人を教うるは又其の末なり。もし其の本末を知れば道に近し。是を以て、本邦の古《いにしえ》、堅操雅行其の人に乏しからず。世遠く、樸《ぼく》散ずるに迨《およ》んで、僧者敢て道徳を顗覦《きゆ》せず。或《あるい》は群籍を渉猟して博学を衒《てら》う者あり。或は玄理を狂解して放曠《ほうこう》を誇る者あり。甚しうしては説法を以て芸能と為し、念仏を以て活業と為すに至る。皆是れ名を釣り、利を射、本を棄て、末に徇《したが》う者なり。（湛澂「一言芳談鈔序」)
元禄時代に京都におった名高い篤学の僧侶で、湛澂《たんちょう》という人がある。彼がこの『一言芳談』を版にして出すときに序を書いておる。その序にこういうようなことをいっているのです。「徳行は本なり。学問は末なり。人を教うるは又其の末なり。もし其の本末を知れば道に近し」――いわゆる学校教育のようなものは末なのであります。これを知るものが本当の師であります。「是を以て、本邦の古、堅操雅行其の人に乏しからず。世遠く、樸散ずるに迨んで」――樸は彫琢を加えない前の、人間技術を加えないままの、自然のままの木です。こういう人間の自然性、まったきものがなくなるに及んで、「僧者敢て道徳を覬覦せず」――僧侶が、即ち宗教家があえて道徳を望まない。「或は群籍を渉猟して博学を衒う者あり」――いろいろの書物を読んでは、知識の広いことを衒う者がある。「或は玄理を狂解して」――またあるいは玄理――深い形而上的なこの摂理・理論――を狂解して、ピントのはずれた解釈をして「放曠を誇る者あり」――道徳規則というようなものに縛られないことを自由だとか、奔放だとかいうて誇るものがある。

「甚しうしては説法を以て芸能と為し」――仏の道を説く説法を、芸能――演劇・音楽などのような技術で訴える。これは要するに芸能ですね。説法を一つの芸能とするものです。「念仏を以て活業と為すに至る」――こういうのは本当の宗教ではない。本当の仏道ではない。そういうのは世渡りの手段、人に衒う業・腕、あるいはでたらめな思想的遊戯、あるいは雑駁な知識、そういうものにすぎない。本当の宗教・信仰というものではない。ところが、なまじい知能即ち頭が発達すると、そういうことを知と思うので、学者とか評論家とかいわれる者ほど、そういうものになりやすい。

誠にほれぼれと念仏するにはしかず

今度法印御房を見たてまつるに、旧来の所存をかえたる也。させる事もなかりける事を様がましく思いける也。誠にほれぼれと念仏するには不如《しかず》。（敬仏房）。

敬仏房《きようぶつぼう》は法然上人の弟子であります。もと常陸の真壁というところの人でありますが、後の高野山の当時有名な碩学の明遍という人に傾倒しました。明遍は初め法然に服しなかったが、後つくづくと感ずるところあって法然上人に帰依いたしました。法然上人の亡くなられた後も、遺骨を頸にかけて生涯離さなかったという純情の人であります。こういう話は、今聞けませんね。昔の恋などは深刻であり、濃情でありました。あの名高い灰屋紹益《はいやしようえき》が芳野《よしの》を亡くしたときに、骨を灰にして盃で飲んだということがあるが、ああいうことは例外にしても、今はちょっとありませんね。死んだらお仕舞いなんですが、いや死んだらお仕舞いどころではない、生きているうちにお仕舞いになるのがふえてきた。アメリカのある都市では、日本でもよくある結婚式場で調べた調査では、離婚率が五十二％です。そうすると、百組の五十二組だから、半分以上が離婚する。そうなったら、結婚はいったい何だということになる。これはつまり情操・情緒の荒廃・衰頽であります。

さてこの明遍上人に心酔いたしまして、高野に入ったのが敬仏房であります。高野念仏の一人であります。この敬仏房が、「今度法印御房を見たてまつるに」——法印は、仙台の高僧であった。やはり法然の弟子の明禅のことだろうといわれております。はっきりいたしませんが、たぶんそうだろうと推定されております。「旧来の所存をかえたる也」——いままで自分が、こうだと思っておったことを変えた。つまりいままで自分が考えておったことは間違いであったということがわかった。「させる事もなかりける事を」——考えてみれば何でもないことを、大したことでもなかったことを、「様がましく思いける也」——大変何か偉いことのように思っておった。ところが、法印御房に直接お目にかかるようになって考え方が変った。自分というものは、そんな知識だの、試験だの、いわゆる修学だの、修行だのというものではない。生身が大切である。生きた人格が大切である。生きた人格の迸《ほとばし》り出る職業が大切なんだ。「誠にほれぼれと念仏するには不如」――こういうふうになってくると、人格は必ずよくなるんですね。

この敬仏房が師と仰ぐ明遍僧都が、「無智にぞありたき」ということをいっておる。今日著しい思想的、主知的な弊害というべきは、遊戯的な言論、あるいは非常に歪曲され偏向した議論の多いことです。最も考えねばならぬことは、人間らしい人間に帰るということですね。人間らしい人間に帰るのではない。そういう人間を形成するということです。それには今申しましたような古典の教えてくれることに、しみじみと意味を見い出し、尊さを覚える――そういうことを、子供に対して強制とか、理屈ではなく、無言の間におりに触れ機に応じて覚らせるのが、父の使命であります。それを引きついで父の出来ない切磋琢磨、すなわち鍛錬あるいは知識・技術の指導によって、人格形成・人間形成を推し進めてゆくのが師であって、決して枝葉末節の知識・技術などを事とするのが教育ではない。この真の教育・真の指導、これを推し進める本当の父・本当の師――ここに現れてきてお るようなこの師・この父があってこそ、初めて人間が救われる。文明も救われる。及ばずながら、こういう人間の一番根源的、本質的な問題を学んで、少しでも自分自身を形成してゆくということが、われわれのやはり根源的、根本的な問題であると思うのであります。

そうすれば別に予期せずとも、企図せずとも、どんなことでわれわれの信念・行為がよい結果を生むかも知れない。しかしそれは予期しなくてもよいことであります。自然でよいことであります。こういう精神を、私どもは「一燈行・万燈行」即ち「一燈照隅行・万燈遍照行」として、われわれの信条に謳《うた》っておるのであります。（昭和三十九年十一月）

あとがき

黎明書房は安岡正篤先生に深いつながりがある。

書房の創業者力富阡蔵さんを評して安岡先生がおっしゃっている。

「力富さんと私との縁は全く自然なものであった。どちらから求めたのでもなく、……何といふことなく胸に印し、その人を想望するうちに、いつのまにか相交はるやうになった。力富さんを見ると思ひ出すのは、陸象山が友を評した『外朴内敏』といふ語である。外貌はいかにも質朴で、垢抜けないから、あまり気の利かないやうに見えて、内的には実に敏感であり、尊い感激の魂を抱いて、普通《ただ》ならぬ心眼の閃きがある。故によく人の精神に共鳴して、おのづからその人を動かす徳がある。剛毅朴訥、仁に近しとはかういふ人を言ふのであらう」と。

この本は書房から出た安岡先生ものの四冊目というが、前の三冊にない特色を持っている。

力富さんは安岡先生への傾斜親炙の情黙《もだ》し難く、昭和三十二年、愛知県師友協会を結成されたが、この文集は、その協会の年次総会における安岡先生の講演を中心に編集したもので、幾つかの縁が重畳し、且つ極めて記念碑的である。

文集の期間は昭和三十八年から四十八年であるが、想えばこの時節は安岡先生の教学の豊熟期であって、その意味でもこの集大成は稀有というに値しよう。

平成五年六月一日

古池喜代雄
（元愛知県師友協会事務局長）

初出一覧

時世と活学

『時世と活学―王陽明、王永江の名詩―』昭和四十七年十一月二十二日、愛知県師友協会創立十六周年記念大会講演、愛知県師友協会刊。

『時世と論語』昭和四十二年十一月十八日、愛知県師友協会創立十一周年記念大会講演、愛知県師友協会刊。

『人間の生涯と国民の運命』昭和四十三年十一月十三日、愛知県師友協会創立十二周年記念大会講演、愛知県師友協会刊。

『日本は救わるるか―政治と教学―』昭和四十八年十一月二十三日、愛知県師友協会創立十七周年記念大会講演、愛知県師友協会刊。

『日本は廃れるか栄えるか』昭和四十五年十月十二日、愛知県師友協会創立十四周年記念大会講演、愛知県師友協会刊。

『明治・大正・昭和三代の推移と今日明日の責務』昭和四十六年十月二十五日、岐阜県師友協会大会講演、岐阜県師友協会刊。

人物・時世と学問・教育

『人物・時世と学問・教育―六つの憲章―』昭和四十四年十一月二十二日、愛知県師友協会創立十三周年記念大会講演、愛知県師友協会刊。

『青年国師・文中子』昭和三十八年十月十七日、愛知県師友協会創立七周年記念大会講演、愛知県師友協会刊。

『この師・この父』昭和三十九年十一月十五日、愛知県師友協会創立八周年記念大会講演、愛知県師友協会刊。

著者紹介

安岡正篤

東洋政治哲学、人物学の権威。
明治31年、大阪市に生まれる。
大正11年、東京帝国大学法学部政治学科を卒業。
昭和２年、金雞学院、同６年に日本農士学校を設立し、
東洋思想の研究と後進の育成に力を注ぐ。
昭和24年、全国同志の輿望に応え全国師友協会を設立。
政財界指導層の啓発・教化に努める。
昭和58年12月、逝去。

〔主著〕
『支那思想及び人物講話』（大正10年）
『王陽明研究』（大正11年）
『日本精神の研究』（大正13年）
『老荘思想』（昭和21年）
『東洋的志学』（昭和36年、後『東洋の心』と改題、
普及版・平成12年）
『天地有情』（昭和63年）
『身心の学』（平成２年、普及版・平成11年）

〔講義・講演録〕
『活眼活学』（昭和60年）
『運命を開く』（昭和61年）
『三国志と人間学』（昭和62年）

人間《にんげん》の生《い》き方《かた》（普及版）

2006年７月15日　初版発行
2006年８月15日　２刷発行

著　者　安《やす》岡《おか》正《まさ》篤《ひろ》
発行者　武馬久仁裕
印　刷　舟橋印刷株式会社
製　本　協栄製本工業株式会社

発行所　株式会社　黎《れい》明《めい》書《しょ》房《ぼう》

〒460-0002　名古屋市中区丸の内3-6-27　EBSビル
☎052-962-3045　FAX052-951-9065　振替・00880-1-59001
〒101-0051　東京連絡所・千代田区神田神保町1-32-2
南部ビル302号　☎03-3268-3470

落丁本・乱丁本はお取替します　ISBN4-654-01765-8